危機の時代の経営と経営学

経営学史学会編

〔第十八輯〕

文眞堂

巻頭の言

経営学史学会理事長　高　橋　由　明

経営学史学会第十八回全国大会は、二〇一〇年五月二十一日から二十三日まで、福岡大学（七隅キャンパス）で、中川誠士大会実行委員長のもとに、統一論題「危機の時代の経営および経営学」で、開催されました。統一テーマとしてこの論題が設定されたのは、二〇〇八年秋のリーマン・ショックに始まる世界金融危機が一〇〇年に一度の大危機であったことと関連していることは言うまでもない。この危機は、その後ギリシャの財政危機を端緒に始まったユーロ安が世界経済を不安定に陥れ、現在も継続している。経済危機との関連で経営学説と経営の問題を統一論題のテーマを設定できたのは、経営学史学会の会員が、単なる復古主義で学説研究をしていないことを如実に示すものといえます。サブテーマは、①「大戦間と経営学」、②「第二次世界大戦後と経営学」、③「グローバル時代の経済危機と経営および経営学」でした。①のテーマでは、二人の会員により大戦間の危機を背景に、ドイツの経営学者とアメリカの代表的経営学者によりどのような理論が展開されたかが報告されました。②のサブテーマでは、第二次世界大戦後のドイツが社会的市場体制のもとで敗戦後の危機をいかに克服してきたか、さらに同じく敗戦の辛苦をなめた日本がいかに競争力をつけてきたかについて、報告がなされました。③のサブテーマでは、主に近年の世界金融危機を念頭に、危機の発生がアメリカで一九七一年「金ドル兌換停止」、七三年の「為替相場制への移行」が実施され、それ以降企業の目的が株主価値の最大化とされるようになる、新自由主義の政策によるものであることが確認され、それに対して、各経営学者や企業経営がどのような行動をとったか等について、報告されました。詳細は、この年報の各ページにおいて説得的に展開されています。

いずれの報告においても、第一線の研究者を討論者として配置し論点が深められると同時に、確実に確保された三〇分間のフローアとの質疑応答でも、多くの会員から重要な論点に関する質問がなされました。会員の日ごろの研鑽の結果が遺憾なく発揮され、この大会がまさに学問の道場というに相応しいものとなり、幸甚のいたりの感を深めています。

自由論題でも、中堅と若手研究者六人（うち一人は院生）による報告がなされました。いずれの報告も、先行研究をより発展させる論点を含むもので、学史学会の学説研究の発展を前に進めるものであったものと信じます。私の個人的見解ですが、運営委員会は次回からは院生研究者の報告と寄稿が多くなることを希望します。経営学史学会年報も今回で第十八輯を発刊するに至りました。会員相互が切磋琢磨し、この年報がますます充実し、経営学説研究の深化に寄与できることを願っています。

最後に、参加者一〇〇名以上におよぶ全国大会を円滑に組織していただいた大会委員長の福岡大学の中川誠士先生、スタッフとして細かい配慮をいただいた藤野真先生、大学院生など福岡大学の諸氏に深く謝意を表し、巻頭の言とします。

目次

巻頭の言……高橋由明…i

Ⅰ 趣旨説明……1

危機の時代の経営および経営学……第六期運営委員会…3

Ⅱ 危機の時代の経営と経営学……7

一 危機の時代の経営と経営学……高橋由明…9

——経済・産業政策と経営学史から学ぶ——

一 第一次世界大戦敗戦後の経済危機とドイツ経営学……9

二 一九二九年恐慌とバーナード経営学……10

三 第二次世界大戦後の危機と経営学……13

四　一九七〇年代以降のアメリカ経済と企業目的……18

二　両大戦間の危機とドイツ経営学……海道　ノブチカ……23
一　ワイマル共和国の成立……23
二　労資協調政策とニックリッシュの経営共同体論……24
三　インフレーション政策とシュミットの実体資本維持論……28
四　相対的安定期の矛盾と経営学……31
五　世界経済恐慌期からファシズム期へ……34

三　世界恐慌とアメリカ経営学……丸　山　祐　一……37
一　はじめに……37
二　積極国家の成立からフーヴァー体制……38
三　大恐慌とニューディール体制……41
四　大恐慌とアメリカ経営学……44

四　社会的市場経済体制とドイツ経営経済学の展開……風　間　信　隆……51
——市場性・経済性志向と社会性・人間性志向との間の揺らぎ——
一　はじめに……51
二　労使共同決定法の成立と「市場性志向」の社会的市場経済体制……53

三　経済再建・復興とグーテンベルクの生産性志向的経営経済学……55
四　「社会性志向」の社会的市場経済と共同決定の拡大……57
五　ポスト・グーテンベルク・パラダイムと社会科学としての経営経済学の展開……59
六　グローバル化・IT革命と「市場性志向」の社会的市場経済……61
七　資本市場の圧力と経営経済学の新展開……63
八　おわりに……65

五　戦後日本企業の競争力と日本の経営学……林　正樹……69
一　はじめに……69
二　報告の視点と方法……69
三　企業競争力要因の総合的研究……72
四　結びに代えて――日本企業の競争力研究の現状と今後の課題――……83

六　グローバル時代における経営学批判原理の複合――「断絶の時代」を超えて――……高橋公夫……86
一　はじめに……86
二　経済危機をどう見るか……87
三　新自由主義台頭の意義――断絶の時代――……88
四　経営学批判原理の複合――官僚制と資本――……93

五　むすび――グローバル時代の経営学批判――　99

七　危機の時代と経営学の再展開
――現代経営学の課題――　片岡信之　102
一　本報告の課題と考察対象の限定　102
二　新自由主義政策への移行と経営学の変化　104
三　新自由主義政策の破綻と経営学の再展開　109

Ⅲ　論　攷　117

八　行動理論的経営学から神経科学的経営学へ
――シャンツ理論の新たな展開――　梶脇裕二　119
一　はじめに　119
二　神経科学的視点からの経営現象の解明　120
三　「個人化された企業」の概要　123
四　神経科学的経営学についての若干の考察　126
五　おわりに　129

九　経営税務論と企業者職能……………………………………関　野　　賢…131
——投資決定に関する考察——
一　はじめに……………………………………………………………………131
二　企業者職能論と制度の個別経済学………………………………………132
三　経営税務論の課題…………………………………………………………134
四　投資決定と企業課税………………………………………………………136
五　経営税務論と企業者職能…………………………………………………138
六　おわりに……………………………………………………………………140
十　ドイツ経営経済学の発展と企業倫理の展開…………………山　口　尚　美…143
——シュタインマン学派の企業倫理学を中心として——
一　はじめに……………………………………………………………………143
二　ドイツにおける企業倫理研究の展開……………………………………145
三　シュタインマン学派の企業倫理学の諸特徴……………………………147
四　CSR経営の観点からの若干の吟味……………………………………151
五　おわりに……………………………………………………………………152
Ⅳ　文　献……………………………………………………………………155

一　危機の時代の経営と経営学――経済・産業政策と経営学史から学ぶ――……157
二　両大戦間の危機とドイツ経営学……159
三　世界恐慌とアメリカ経営学……161
四　社会的市場経済体制とドイツ経営経済学の展開
　――市場性・経済性志向と社会性・人間性志向との間の揺らぎ――……163
五　戦後日本企業の競争力と日本の経営学……164
六　グローバル時代における経営学批判原理の複合――「断絶の時代」を超えて――……167
七　危機の時代と経営学の再展開――現代経営学の課題――……169

V　資　料……175

経営学史学会第十八回大会実行委員長挨拶……中川誠士……177
第十八回大会をふりかえって……山口隆之……179

Ⅰ　趣旨説明

危機の時代の経営および経営学

第六期運営委員会

第十八回全国大会は「危機の時代の経営および経営学」を統一論題として、サブテーマとして、３つの時代区分に基づき、サブテーマ１「両大戦間と経営学」、サブテーマ２「第二次世界大戦後と経営学」、サブテーマ３「グローバル時代の経済危機と経営および経営学」を設定しました。

サブテーマ①「大戦間と経営学」では、(1)「敗戦後の経済危機とドイツ経営学」、(2)「世界恐慌とアメリカ経営学」、サブテーマ②「第二次世界大戦後と経営学」では、(1)「労働危機とドイツ経営学——労使共同決定法(ドイツ企業のガバナンス)——」、(2)「経済復興と日本の経営学(日本企業の競争力と日本の経営学)」、サブテーマ③「グローバル時代の経済危機と経営および経営学」では、(1)「グローバル時代の経済危機と現代経営学——批判精神を失った経営学——」、(2)「危機の時代と経営学の再展開——現代経営学の課題——」を設定しました。

以下、運営委員会の上記論題を設定した問題意識と討議の内容を紹介します。学説研究をする場合、その人の学説の内容を先行学説の理論との関連において分析する方法と、その学説が生まれた時代背景との関連で分析する方法がありますが、いずれも学説研究において重要である。しかし、今大会では、後者の方法に重点をおき、ある学説と時代背景、それもその時代の経済・社会的危機との関連で学説を取り上げ分析する方法を採用する。

サブテーマ①「大戦間と経営学」の、(1)「敗戦後の経済危機とドイツ経営学」では、第一次世界大戦前後のドイツの経済背景の下でのドイツ経営学説を分析対象とする。第一次世界大戦中の一九一七年、ロシアにおいて世界で最初の「社会主義国家(ソヴィエト)」が成立したことは文字通り世界を震撼させ、ヨーロッパだけでなくアメリカにも大きな影響を及ぼした。当時のドイツでは、一九一八年ドイツ帝国は崩壊し労使同権の共同体構想を憲法に規定するワイマール共和国が成立し、「社会化」に対抗して共同体思想に依拠する経営学が展開される。また戦後一九二三年従来に無いインフレーションの進展に対処すべき経営学も展開される。(2)「世界恐慌とアメリカ経営学」では、一九二九年の世界大恐慌前後のアメリカの社会・経済背景のもとでのアメリカ経営学説を分析対象とする。世紀の転換期に企業規模を拡大した独占巨大企業に対して、独占禁止法の制定により規制が強化されるが、一九二〇年代にそれが緩和され、資本市場の拡大、一九二九年の恐慌へと発展する。こうした中で、アメリカ経営学界は、所有と経営の分離に基づく株式会社論や制度学派の企業論、組織を協働体系と把握する意思決定論などを中心とする、多彩な経営学説を生み出す。

サブテーマ②「第二次世界大戦後と経営学」の、(1)「労働危機とドイツ経営学――労使共同決定法(ドイツ企業のガバナンス)――」については、第二次世界大戦後、ドイツは東西ドイツに分割され、西ドイツの戦後最初の選挙は、「社会的市場経済」体制か「社会民主主義経済」体制か、をめぐって行われアデナウワー政権が生まれる。ドイツ労働総同盟は、ストライキによりその後のドイツの経済・社会体制に大きな影響を与える一九五一年モンタン共同決定法を実現させる。この経過を踏まえて今日までのドイツの企業経営と経営学について検討する。(2)「経済復興と日本の経営学(日本企業の競争力と日本の経営学)」については、アメリカ占領軍による財閥解体後の日本の企業経営がいかに競争力をつけ、経営の諸問題を解決してきたか、それについての経営学や経営方式について検討する。

サブテーマ③「グローバル時代の経済危機と経営および経営学」の、（1）「グローバル時代の経済危機と現代経営学――批判精神を失った経営学――」については、二〇〇八年九月のリーマン・ショックに始まる世界金融恐慌と批判精神を失った現代の経営学を問題にする。（2）「危機の時代と経営学の再展開――現代経営学の課題――」では、企業の社会的責任論、地球環境問題なども含め、現代企業が直面する経営の課題に対して、経営学がいかに展開していかねばならないかを検討する。

上記いずれのテーマでも、経済的視点、社会（人間）的視点から分析されることが期待される。基調報告のテーマは、「危機の時代の経営学とは何か――経営学史に学ぶ――」とする。

Ⅱ　危機の時代の経営と経営学

一　危機の時代の経営と経営学
――経済・産業政策と経営学史から学ぶ――

高橋由明

一　第一次世界大戦敗戦後の経済危機とドイツ経営学

第一次世界大戦中の一九一七年、ロシアにおいて世界で最初の「社会主義国家（ソヴィエト）」が成立したことは文字通り世界を震撼させ、ヨーロッパだけでなくアメリカの社会や経営学界にも大きな影響を及ぼした。当のドイツでは、一九一八年ドイツ帝国は崩壊しワイマール共和国が成立し、その憲法には、労使同権の共同体構想、労働者の経営参加が規定された。それは、左派政党が主張した「社会化」を回避した結果であった。

こうした背景で、代表的経営学者であった、ハインリッヒ・ニックリシュ（H. Niclisch）とオイゲン・シュマーレンバッハ（E. Schmalenbach）は、企業（経営）の指導原理を利潤から経済性原理に変更させた。ニックリシュは、一九一二年には、経営経済が個別経済の立場からする理論科学であると主張するとともに、個別経済の目的を「経済性の概念だけでは、収益性は説明できない」として、収益性であることを表明していた。しかし、一九二二年には、経済性が利益の公正か否かを決定する基準であるから「経済性が利益の『尺度』である」(1)と主張を変更した。また、シュマーレンバッハも、一九一二年に、論文「技術論としての私経済学」を発表し、国民経済学とは独立する技術論の科学であることを主張しかつ、「経済的企業」を「経営」と考え、利潤の存在を容認しながらも、経済性[2]を主張した。両者とも当時支配的な共同体的企業のもとで、資本提供者、経営者、労働者は同等で、利益剰余はこの三者で配分するのが当然のことと考えた。そのほかシュミットによる、インフレーションのもとでの経営経済学や、リーガーの私経済学については、本著の海道ノブチカの論文で説明されている。

二　一九二九年恐慌とバーナード経営学

1　二九年恐慌が発生した原因

ガルブレイス（John K. Galbraith）は、二九年の経済崩壊が大恐慌といわれるのは、それ以降「アメリカおよび全世界の工業国は資本主義がそれまでに経験したことのない極端で永続的な危機へ突入したことによる[3]」と、述べている。ガルブレイスは、二九年恐慌発生の理由を、投機とそれを可能にした仕組み（信用取引による株式の取得・持ち株会社への変更など）との関連で説明している。貿易赤字の英国等の要求を受け入れ、連邦準備銀行が公定歩合を四％から三・五％に引き下げたことを契機に、大量の余剰資金が生じるが、この余剰資金を元に、玄人筋の株式投機が始まり株価は急上昇する。

さらに、証券会社が株式の購入のための資金を貸し出し信用取引が多くなり、また企業、証券会社、銀行が出資して持ち株会社としての投資信託会社を設立する。この投資信託会社は、さらに子会社としての信託会社をも設立し始め、その数は一九二八年から二九年までの約一年間で一二八社から二六五社の二倍に増大した。投資信託が一般向けに発売した有価証券の総額は、二七年の総額四億ドルから二九年の推定三〇億ドル増加し、二九年の新規発行額の三分の一を占めた。[4] 会社型投資信託の場合は、魔力のレバリッジ（てこ）の原理が利用された。資本調達にあたって、普通株の他に社債、優先株を発行し、それをほぼ全部普通株で運用することで、レバリッジの効果を得た。つまり、保有資産が五〇％しか値上がりしていないのに、普通株が一五〇％（三倍）上がった計算で評価されるのである。しかし、普通株が下がると、保有資産が三分の一に下がった。この結果、ある投資信託会社の株価は、二九年に七五ドルあったが、三五年には紙くず同然の七五セントに下落した。[5]

ガルブレイスは、一九九〇年に『金融熱狂の小さな物語』の小冊子を出版し、一九八七年十月十九日のブラック・マンディーについても言及しながら、二九年恐慌後アメリカではとにかく六〇年間弱にわたり恐慌は起きなかったと述べている。ガルブレイスは触れていないが、私は、後で言及する一九三三年に制定された銀行法（グラス・スティーガル法）が、それ以降の恐慌を回避するために果たした役割は大きいと考えている。銀行は、広く集めた低利子の預金勘定で子会社などを設置し危険な株式を所有し取引をすることを禁止する、つまり銀行は証券業を営んではならないという法律である。

2　二九年恐慌のバーナードの『経営者の役割』（一九三八年）に与えた影響

チェスター・バーナードの著書の出版は、大恐慌の発生から九年が過ぎていた。彼は、大学卒業後入社し種々の経験をし、一九二七年に、新設のニュージャージー・ベル電話会社の新社長（四一歳）に就任する。加藤勝康は、その大著で、『経営者の役割』の成立過程を入念に跡付けている。それによると、恐慌の後、厳しい経済不況の理由が、独占的競争によるものとの批判が強かった。これに対して、バーナードは、一九三〇年十一月の雑誌に「安定進歩にとって不可欠な事業経営の統合」という論文を寄稿し、「経済進歩は、生産の能率だけでなく、人々の消費能力にも依存」し、「繁栄は、単に総体としての国民所得（パイ）の大きさの問題ではなく、所得分配の問題である」[6]と述べる。また、独占と競争に関しては、「健全かつ安定的需要水準を目指し、すべての人々の生活水準を継続的にひきあげることに関心をいだいている独占、統合化、同業組合など」は重要である。「……現在の不況は……社会のすべてのレベルに能率よく生産物を配分することができない」ことに起因する、と述べている。[7]こうしたバーナードの考え方は、彼が公共事業体である電信電話会社の社長であったことと関連している。しかも、この基本的思想が、主著『経営者の役割』の基本的な枠組みに反映したと、私は考える。

ここで、独占企業、労働組合、公共事業、の存在したアメリカの社会的背景を考慮しその理論化に影響されたと思われる、バーナードの第十六章第二節「組織の能率」で展開されている、いわゆる外的均衡の内容を紹介し、バーナード理論の特徴を摘出してみよう。

「1．協働体系の四経済」では、「組織は協働的な人間活動の体系であって、その機能は、①効用の創造、②効用の変形、③効用の交換である」。「協働体系は、その構成要因として物的体系、人的体系（個人と個人の集合）および社会的体系（他の組織）をもつ」。したがって、効用の視点から(a)物的経済、(b)社会的経済、(c)個人的経済、(d)組織の経済が存在する」。[8]バーナードによると、(d)組織の経済や社会的経済は、組織の社会的関係のプールーで」、「測定することと」はできない。「組織効用の経済に関する測定単位は存在しないのである」。[9]

しかも、「分配の能率は、……顧客経済、労働経済、信用経済、供給経済、技術経済を含む」。「(これらのすべての経済における) ルールは、自分にはあまり価値がないが受け手には価値の多いものを出来るだけ与え、自分には価値が多いが提供者にとってはあまり価値のないものを受け取ることでなければならない。これは、すぐれた事業感覚、社会感覚で、ある」。バーナードは、自分に多く、相手に少なく与えるという考え方では、各種（上記の四つを含む）の経済を悪くさせるというのである。さらに「組織の創造的側面は、調整であり、それは効用を生産するための組織の諸要素の適切な組み合わせを確保することであり」、「協働体系を存続させる基礎である」。

バーナードは、「分配は高度の技術の問題」であるのに対して、「創造的能率は、非技術的である」。「物的、生物的、経済的、社会的、個人的かつ精神的効用をはかる共通な尺度がないなら、創造的協働の戦略的要因を〔識別し〕決定するのは、直感」的で、「釣合の問題であり」かつ「審美的かつ道徳的」で、「適合性の感覚と責任」の問題と考えた。[10] こうした考え方は、現在いわれている組織目的が各ステークホルダーの満足とする立場と同じである。

W・スコットが一九九二年に出版した著作によれば、バーナードは、一九三九年にレニングラードとモスクワを訪問後、私的パンフレットを出し記録している。バーナードを驚かせたことは、スターリンのソヴィエト社会体制においては、共産党の「組織原理」が人々に対して機能し、民族・人種的に多様な国民を融合し、国家建設に市民の協力を確保していることであった。スコットによれば、バーナードは、上記両都市への訪問により「協働活動に人々を関与させるこのような原理」が「アメリカという国で必要である」[11] との見解を強めたという。

三　第二次世界大戦後の危機と経営学

1　労働危機とドイツ経営学――労使共同決定法（ドイツ企業のガバナンス）――

(1)　戦後東西分割とグーテンベルグ経営経済学

一九四五年五月ナチス・ドイツが連合国に無条件降伏した後に、米、英、仏、ソ連の四カ国による分割占領下のもとで、非軍事化、軍需工業の廃止、独占資本の解体、ナチス党員の追放、戦犯の逮捕、民主主義政党の復活、賠償などが決められた。四八年に東西分割後、四九年五月に西独に基本法が公布され、九月にドイツ連邦共和国（BRD）の総選挙が実施され、キリスト教民主・社会同盟（CDU／CSU）が他の二党と連合し、社会民主党（SPD）をわずかの差で破り、アデナウワーを首班とする西ドイツ政府が樹立された。選挙に当たっての政策は、

CDU／CSUは、〈社会的市場経済政策〉（①安定した通貨と景気循環、②公正な競争を保持するため独占の禁止、③国家による適応的介入、④所得再分配）を掲げ、SPDは、〈経済民主主義〉の立場から、①基幹産業の共同所有、②中央による国民経済改革であった。当時、組合組織率三五％のドイツ労働組合総同盟（DGW）は、「人的、経済的、社会的問題についての組織された労働者の共同決定」（ミュンヘン綱領）を掲げていた。[12]

こうした背景で五一年「モンタン共同決定法」、五二年「事業所体制法（Betrieabsverfasung Gsetz）」（経営組織法）をめぐって、労働者側と政府（企業側）の間で交渉が行われるが、これについての詳細、およびそれ以降の共同決定とコーポレート・ガバナンスの展開については、この著書掲載の風間信隆論文を参照されたい。

こうした背景で、一九五一年にグーテンベルグ『経営経済学原理第一巻生産編』が出版されるが、そこで提示された彼の企業概念には、当時のドイツが東西に分裂し異なった体制が敷かれた事実が如実に反映していた。すなわち、企業概念が、①生産手段の所有形態（私的所有か社会化所有か）、②意思決定の所有主体（i資本所有者、ii管理者、iii従業員、iv国民各階層、v国家職員）、さらに③運営指導原理（i営利経済原理、ii適正原理、iii被計画給付生産の原理）の視点から分類されており、[13]資本主義対社会主義の視点だけでなく、すでに資本主義対資本主義の視点も含まれていた。

(2)　西ドイツ政府での「魔法の四角形」の政策

それ以降、西ドイツ経済は、「奇跡の成長」を記録する。一九五一年から五八年には年平均九・八％、また五九年から六七年までは「安定成長」の年平均四・九％を記録した。投資や輸出も着実に拡大し、一九五〇年代の終わりには、貿易黒字が累積し、物価上昇をさせ、景気過熱の状態をもたらした。これに対して、一九六一年一ドル四・二マルクから四マルクへの通過切り上げが断行された。[14]それは、近隣諸国との均衡ある貿易を維持しようとしたからであり、一九五八年のヨーロッパ経済共同体（EEC）の形成へと繋がる政策であった。

一九六六年十二月、CDU／CSUとSPDの大連合が成立し、キージンガーを首相とする新政権は、六七年に「経済安定・成長促進法」を成立させる。この法律の第一条には、①適切な経済成長、②雇用の安定、③物価の安定、④国際収支の均衡が規定されたが、この四つの条件は、相互に対立する要件を含み、達成するには極めて困難なことから「魔法の四角形」といわれた。この魔法の四角形の実現を目標に、六九年十月には、一ドル四マルクから三・六六マルク（九・三％）への切り上げを再度断行し、EC国家間での貿易の棲み分けを意味する水平貿易を発展させることによりヨーロッパ諸国と貿易上の調和をはかる。さらにすでに実現させていた労働者向け低利融資による住宅取得や低家賃の住宅の建設、さらに連邦休暇法（多くの労働者は四―六週間の休暇取得）、閉店法（夜間の営業短縮）により、「生活大国」ドイツを実現させていくのである。[15]

一九七二年十一月、保守政権に代わり、社会民主党（SPD）と自由党（FDP）政権が成立し、一九七六年には、「新共同決定法」を制定し、鉄鋼以外の大企業にも共同決定を適用する。こうした背景で、ドイツ経営経済学界でも、「批判的合理主義的経営経済学」、「労働志向的経営経済学」、「構成主義的経営経済学」が展開され、ドイツの社会・経済建設に寄与した。[16]ライン型ドイツ資本主義の原型はこの時代に成立したといえよう。

2　第二次世界大戦後の経済復興と日本の経営学

(1)　戦後復興のなかでの近代的経営管理の確立

第二次世界大戦直後の日本は、同じ敗戦国ドイツに比べても、戦争の被害は甚大で戦前の工業水準の十分の一にまで落ち込んでいた。また多くのトップ経営者が戦犯として追放され、経営者不在の状態になる企業も存在し、戦後占領軍の労働三法の容認による労働組合・労働者権利の急速な拡大の下で「生産管理」が行われる状態であった。

こうした荒廃のなかで、戦後日本で経営管理に関する最初の教育が一九四九年に、東京（九月）と大阪（十一月）で約二カ月間にわたって行われた。それは、アメリカ占領軍民間通信局（Civil Communication Section＝CCS）による日本の経営者向け経営教育「CCS講座」[17]であった。占領軍の目的は、占領政策を日本に普及させるためラジオ・通信施設を利用しようとしたが、その荒廃はひどく通信企業を復興させ発展をはかるには抜本的に経営者教育をはかることが先決と考え、民間通信局部門の提案によりこの講座が実施された。「CCS講座」では、ベルとウエスターン・エレクトリック社の研究所所長、ベテラン技師などにより、ホールデンらの『トップ・マネジメント』他、当時までのアメリカの生産管理、経営管理の基本的著書を参考に、ニューディーラ時代からの最高水準の経営管理技術が教え込まれた。CCS講座の内容は、参加者が自社に戻りその従業員への教材として利用され、さらにこのテキストは産業訓練協会でも利用され、一九八二年の「日本産業訓練協会の主要訓練コース」の案内には、八一年現在で、協会本部受講者数九四二人、全国の受講者数五一〇〇人と記されていた。[18]

しかし、このCCS講座では、全般管理組織（方針、組織、統制、調整）と品質管理など直接管理の講義・討論が中心であり、日本の経営管理の近代化に不可欠な計算や予算統制といった数字による間接管理については、諸般の事情から省略された。そこで、通産省産業合理化審議会が、一九五一年に、部会長の野田信夫ほか、古川栄一、中西寅雄、高宮晋など学者と財界人二名計八名の名前で「企業における内部統制」〈大綱〉を発表し、計算的（間接的）統制方法を普及徹底することが必要であるとした。その二年後に、同審議会は「内部統制の実施に関する手続要領」を発表し、近代的トップ・マネジメントの確立とコントローラ制度の確立が不可欠の要件であるとした。さらに、通産省企業局は、一九五六年に「経営方針遂行のための利益計画」を、さらに一九六〇年に「事業部制による利益管理」を発表し、近代的経営管理の実施・普及をはかったのである。

(2)　日本の通産省主導の産業・貿易政策——西ドイツとの比較——

こうした努力の結果、日本企業の生産力も増大し、日本の国内市場の消費力も増大した。日本のGNPは一九六三年に世界第二位となり、この頃から貿易黒字が定着増大し始める。しかし、前節（一四―一五頁）でみた西ドイツの事情とは大きく違っていた。ドイツは、輸入の自由化により原料が豊富に供給されるようになり西ドイツの工業生産は急速に伸び、貿易額が大きくなり、一九六〇年のＧＤＰは、既にフランス、イギリスを追い越し第二位になっていた。日本がＧＤＰでドイツを追い越し二位になったころの一九七〇年には、ドイツは一人あたりＧＤＰで第五位（日本一五位）にあった。日本の貿易は、政府の輸出促進政策の庇護のもとでも目立った黒字を示すのが一九七五年ごろからで、七〇年代の後半から一九八〇年代にかけて、カメラ、家庭電器、事務機械などの花形製品の集中豪雨的輸出が一気に拡大し、貿易摩擦を引き起こすようになる。

西ドイツがヨーロッパとの相互依存主義で貿易の棲み分けを行い近隣諸国から信用を得たのに対して、日本は、政府・通産省の政策に従い自前（輸出代替）主義をとり、大幅な貿易黒字のもとでも通貨円の切り上げを回避した。こうした日本の姿勢に対して、日本バッシングが生まれてきたのは、当然であった。こうした事態は、政府・通産省が、貿易自由化の波を国難、黒船と捉え、①ＧＮＰの拡大は良いという無条件の信仰、②本来外国が得意とする商品も代替生産してしまう自前主義、③ドル不足への極端なまでの恐怖心から一ドル三六〇円の固定レートへの固執など、高度経済成長時代に身につけた体質から生じたものといえた。[19]

ドイツの歴代政府は、勤労者の生活レベルを上げることにこだわり続け、貿易黒字分を、国民の財産形成、社会保障など社会的インフラ整備への支出による内需拡大にあて、黒字を減少させる努力をしてきた。それに対して、日本政府は、それを怠り、バブル経済が崩壊し構造不況に突入するにおよんで、一九九二年になりやっと宮沢内閣が、経済不況の打開策として「生活大国」構想を打ちだす始末であった。[20] しかし、「失われた一〇年」以降、小泉内閣が出現し、グローバル化の下で構造改革は必至の立場から、金融・労働などの大幅の規制緩和を断行し、勤労者・低所得者の生活を軽視する政策を採用し、所得格差を拡大させこの政権は崩壊する。二〇〇九年十二月に成立した民主党と少数二党による連立内閣のもとで「コンクリートから人へ」の政策が採用されているが、これがどのような結果になるかは注目すべきところである。

四　一九七〇年代以降のアメリカ経済と企業目的

ドラッカーは、一九五四年に出版した『現代の経営』で、「社会に対するマネジメントの第一の責任は、利益をあげる」ことの他に「企業は、社会における富の創出機関であり生産機関である」[21]と述べている。また、一九六三年代に財務論分野のE・ソロモンは、企業目的について、社会への貢献も考慮し所有者の利益の極大化でなく、企業の「富の極大化ないし現在価値の極大化」[22]であるべきと述べている。ところが、経営者が大企業の活動を調整し調和を実現させるというバーナードなどの経営者の役割を否定する動きが一九七〇年代に始まる。

一九六〇年代の異業種企業のコングロマリッド合併は、経営者に巨大かつ異なった種々の部門を管理することを強制し、効率的かつ調和的管理を実現することを困難にさせた。さらに、電気、自動車、機械といった産業分野で日本企業という強力な競争相手がうまれ貿易摩擦が生じ、アメリカの工業企業の国際競争力は急速かつ大幅に低下するようになる。

こうしたなかで、M・ジェンセンに代表される金融・財務研究者の一グループが、エイジェンシー理論を発表し、企業目的を株主価値の最大化であるべきとし、資源や収益の調整的配分を経営者に任せるより、マーケットに任せたほうが常に効率的であると主張し始めた。アメリカ経営学の歴史の中で経営者（代理者）は株主（委託者）の意向にそって行動すべきという主張[23]、さらに企業目的を株主の価値の最大化とする理論が初めて生まれ、しかもウォール街の基本的哲学となったことを銘記すべきである。それ以降、日本でも、企業目的を株主価値最大化とすることに疑いをもたない財務管理論者が多数を占めるようになる。しかし他方で、当のアメリカでも株主価値の最大化の主張を「コーポレート・ガバナンスに関する新しいイデオロギー」とする反論も出されている。[24]

このように、企業目的が株主価値の最大化であり、マーケット（資本市場）メカニズムが資源の最適配分をするという立場からすると、非買収企業の経営者が、コーポレーダー（会社乗っ取り屋）により代えられるのも当然であり、ポイゾン・ピル（新株予約権）を行使するのは市場の調整機能を妨害するので好ましくないということになる。しかし、この見解の人達は、意識的と思われるが、アメリカでは、一九八三年ごろから四〇州以上の州法で、経営者は、買収に直面した際、利害関係者や、「州および国の経済状況、地域と社会からみた要件、会社と株主の長期と短期の利益を考慮すべきで」、「これらの利害関係者の諸利益は、会社が独立性を保持することによって果たされる、ことが含意されている」[25]といった条項が規定され、州法はどちらかというと、会社はステークホルダーを保護する立場にある、ことを無視している。

ともあれ、こうした株主中心主義が闊歩するようになり、一九八七年十月十九日に株価の暴落（ブラック・マンディー）が起きる。（日本でも、大手銀行の厳格な審査抜きの融資が多発し、株式、土地、住宅、ゴルフ場（会員権）への投機が起こり、一九九二年のバブル崩壊の後、多額の不良債権を発生させ、それを解決するのに多額の税金が投入された）。しかし、アメリカでは、一九二九年恐慌から、戦後の約四〇年間、アメリカの産業は、経営者による大企業内外の調和原則（ガルブレイスの拮抗理論）により繁栄を謳歌していたことを思い起こすべきである。

それが、なぜ二〇〇八年九月のサブプライムローンの証券化等に起因するリーマンショックを端緒に百年に一度の世界金融危機に直面せざるを得なかったのか？　この点については多くの人々により論じられているが、私は、一九三三年の銀行法の著しい規制緩和が行われ一九九九年にグラム＝リーチ＝ブライリー法が制定されたことが、ひとつの大きな要因となったと考える。この改正（改悪）により、一九二九年の恐慌を引き起こしたと同様の仕組みを復活させ、銀行は、「関連会社を通じて証券業務や投資銀行業務に従事したり、証券会社や投資銀行を小会社として買収することが自由に行われるようになったのである」。(26)

現在オバマ大統領は、新しく金融規制を準備している。ひとつは、①事業範囲の制限で、低金利で安全性の高い資金を集められる（預金業務）銀行に対して、リスクの高いヘッジ・ファンドと未公開株を公開させ高い手数料を稼ぐファンド（PEF）を所有し・投資すること、自己資金勘定での高リスクに投資をすることを禁止する。つまり、預金・貸出業務に限定し、証券業務の禁止である。他は、②規模の制限で、「大きくてつぶせない」を防ぐため、全米の預金シェアー一〇％を超える銀行の合併の禁止である。フランスのサルコジ大統領は直ちに賛意を表明しているのに対して、ウォール街は反発し、日本経済新聞社説も「マネーの流れを過度に阻害する規制や課税」は「経済発展の足かせ」と批判している。(27)

一九八九年MIT産業生産性委員会は、「アメリカ再生」のために米日欧の産業比較の報告書『Made in America』を出すが、この二〇年間アメリカの産業の再生は無視され、世界規模での経済の金融化を肥大化させてきたのである。一九九〇年には世界の金融資産（預金＋株式時価総額＋債権等）は実物資産（GDP）の一・七七倍であったが、アメリカの住宅バブルが崩壊する二〇〇七年には約三・五倍に達している。(28)今回の世界金融危機は、本来産業の補助者であるべき金融が主役の実物経済を崩壊させたことを示している。金融部門の肥大化については、各国の事情を十分に考慮しG20とか国連レベルでの規制が必至となっている。そうしなければ、発展途上国の健全なグローバル化は期待しえず、益々貧富の格差を米国だけでなく世界規模で拡大させていくことになろう。

注

（1）Nicklisch, H., *Allgemeine kaufmännische Betriebslehre als Privatwirtscgaftslehre des Handels (und der Industrie)*, I Band, Leipzig, 1912.（中村常次郎『ドイツ経営経済学』東京大学出版会、一九八二年、一五〇頁、二一二頁。）

（2）Schmalenbach, E., Die Privatwirtschaftslehere als Kunstlehre, *ZfhF*, 6. Jahrg., Heft, 1912, S. 125-126. 中村常次郎『前掲書』一五二頁。

（3）Galbraith, John K., *The Great Crash 1929*, Houghton MiffinHacourt Publishing Company, 1954.（村井章子訳『大暴落1929』日経ＢＰ社、二〇〇八年、九九—一〇〇頁。）

（4）ガルブレイス、村井『前掲訳書』八八頁。

（5）ガルブレイス、村井『前掲訳書』九六頁。

（6）加藤勝康『バーナードとヘンダーソン』文眞堂、一九九六年、六三頁。

（7）加藤『前掲書』六六頁。

（8）Barnard, Chester I., *The Functions of the Executive*, Harvard University Press, Cambridge, Massachusetts, and London, 1968, p. 240.（山本安次郎・田杉　競・飯野春樹訳『経営者の役割』新訳、「日本語版への序言」、ダイヤモンド社、一九六八年、二五一頁。）

（9）Barnard, *ibid.*, pp. 242-244, 257.『前掲訳書』二五一—二五六頁。

（10）Barnard, *ibid.*, pp. 256-258.『前掲訳書』二六七—二六八頁。高橋由明「バーナード組織論とその理論的背景」中央大学商学研究会『商学論纂』一一巻五号、一九七〇年、四一—六一頁。

（11）Scott, W. G., *Chester I. Barnard and the Guardians of the Managerial State*, University Press Kansas, 1992, p. 13.

（12）高橋由明『グーテンベルグ経営経済学—基礎理論と体系—』中央大学出版部、一九八三年、五〇—五二頁。

（13）『同書』、三—二六頁。

（14）高橋由明「貿易摩擦と日本の流通システム—日・独比較の視点から—」中央大学商学研究会『商学論纂』三六巻三・四号、四五九頁、以下「貿易摩擦と…」として引用。

（15）高橋由明『前掲誌』、四六〇—四七四頁。

（16）高橋由明「現在西ドイツ経営経済学方法論における三つの潮流⑴、⑵」中央大学商学研究会『商学論纂』（二一巻一号、二一巻三号、一九七九年。

（17）Sarasohn, Homer M. and Charles A. Protzman, *The Fundamentals of Industrial Management: CCS Management Course*.（日通連経営管理研究会訳編『ＣＣＳ経営講座』第一巻、第二巻、ダイヤモンド社、一九五二年。

（18）Hopper, K., "Creating Japans new industrial management: The American as teacher," in: *Human Resource Management*, Vol.21, Issue 2-3, Summer 1982, p. 20.（西田光男訳「ＣＣＳの偉大な貢献—現代経営管理の思想の創造—」『産業訓練』二九巻三三八号、

一九八三年一〇月、二五頁。）チン・トゥイ・フン「『近代的経営管理』の構成要件の視点からみたCCS講座の意義と限界」中央大学商学研究科編『大学院研究年報・商学研究科編』三九号、二〇一〇年、九三頁。

（19）ＮＨＫ取材班『ＮＨＫ特集：日本・西ドイツ―二つの戦後経済』日本放送出版協会、一九八八年、六〇―六一頁。

（20）高橋由明「貿易摩擦と…」『前掲誌』、四七四頁。

（21）Drucker, P., *The Practice of Management.*（上田淳生訳『現代の経営（下）』ダイヤモンド社、二〇〇六年、二七一頁。）

（22）Solomon, E., *The Theory of Financial Management,* Columbia University Press, 1963.（別府祐弘訳『E・ソロモン財務管理』同文舘、一九七一年、二八―三二頁。）

（23）Jensen, M. C. and W. H. Meckling, "Theory of the Firm: Managerial behavior, Agency Cost and Ownership Structure," in: *Journal of Economics* 3, 1976, pp. 305-360. Jensen, M. C., "Value Maximization, Stakeholder Theory, and the Corporate Objective Function," in: *Business Ethics Quarterly,* Vol. 12, 2002, pp. 235-256.

（24）Lazonick W. and M. O'Sullivan, "Corporate Resource Allocation and Employment Opportunities in the United States," in: edit by William Lazonick, and M. O'Sullivan, *Corporate Governance and Sustainable Prosperity,* Palgrave, 2002. Findlay, M. Chapman and G. A. Whitmore, "Beyond Shareholder Wealth Maximization," in: *Financial Management,* Vol. 3, No. 4 (Winter, 1974), pp. 25-35.

（25）Ryan, L. J., "Calculating the "Stake" for Corporate Stakeholders as Part of Business Decision-Making," in: *Routger Law Review,* Vol. 44, No. 3, Rutgers University Press, The State University of New Jersey, 1992, p. 556. Lazonick, W. and M. O'Sullivan, "Maximizing Shareholder Value: A New Ideology for Corporate Governance," *ibid.* pp. 11-17.

（26）高田太久吉「アメリカ金融業の規制緩和と集中・再編」丑山　優・熊谷重勝・小林康宏編著『金融ヘゲモニーとコーポレート・ガバナンス』税務経理協会、二〇〇五年、第七章、一三七頁。

（27）『日本経済新聞』二〇一〇年一月二二日、二三日。米金融規制法案は、同年七月十五日に成立したが、かなり後退した内容になった。

（28）水野和夫『金融大崩壊―「アメリカ金融帝国」の終焉』ＮＨＫ出版、生活人新書、二〇〇八年、一三三頁、三九頁。

二　両大戦間の危機とドイツ経営学

海道　ノブチカ

一　ワイマル共和国の成立

一九一八年十一月のドイツ革命はキール軍港の水兵の反乱から始まり、この革命によってドイツ帝国は崩壊したが、資本側の譲歩政策によって資本主義体制は維持され、ワイマル共和国が成立する。そして敗戦国ドイツは、一三二〇億金マルクという巨額の賠償金を背負って再出発した。この両大戦間の前半、一九一八年からヒトラーが政権を取る一九三三年までのワイマル期を以下の三つの時期に区分することができる。一九一八～一九二三年までの革命・インフレーション期、一九二四～一九二九年までの相対的安定期、および一九二九～一九三三年までの世界経済恐慌期である。

ワイマル共和国は、一九一八～一九三三年までのごく短い期間であったが、この時代はドイツ経営学がニックリッシュ（Nicklisch, H.）、シュマーレンバッハ（Schmalenbach, E.）、シュミット（Schmidt, F.）、リーガー（Rieger, W.）らを中心に戦前の黄金期を迎え、規範論学派、技術論学派、理論学派が生成発展した時期である。ドイツ経営学は、この時期、物価が第一次世界大戦前の一兆倍にもなった一九二三年の大インフレーションを経験し、また相対的安定期には産業合理化による生産性向上運動とそれに伴う労働強化、失業の問題、さらに相対的安定期の矛盾が表面化した一九二九年の世界経済恐慌以降は慢性的操業短縮と四〇％を超える失業の問題に直面することになる。この一つの時代から同じ社会経済的基盤を背景として異質的ないくつかの理論が同時に生まれ、それらが対立しつつ、理論が展開された。

まず第一期の革命・インフレーション期のドイツ経営学の特徴についてみることにする。ドイツ革命により生まれたワイマル共和国は、始めから議会主義を中心に資本主義の民主化・安定化を目指す社会民主党（ＳＰＤ）と新しい体制を確立しようとする独立社会民主党（ＵＳＰＤ）や共産党（ＫＰＤ）との激しい対立にさらされており、革命・インフレーション期は、スパルタクス団の一月闘争（一九一九年一月）など階級対立の最も激化した時期であった。そのさい資本側が、革命を阻止するために展開したのが労資協調政策であり、また独占資本の復活・強化のために利用したのが一九二三年を頂点とするインフレーションであった。

二　労資協調政策とニックリッシュの経営共同体論

1　労資協調政策

このような事態の中で資本側は、政治的・経済的退去を余儀なくされ、帝政上院の廃止、集会・言論・出版・結社の自由、八時間労働、社会保険の拡充、社会化委員会の設置などが実現された。資本側は自己の支配を安定させるために労資協調政策を展開し、労資協調に基づく企業の再建と新たな秩序の回復を求めた。(1)ことに一九一八年十一月の革命直後には資本側の代表であるシュティンネスと労働組合の代表であるレギーンとの間で労資協調に関する「中央労働共同体」協定の締結が行われ、労資対等あるいは労資同権の理念がワイマル体制によって一定の現実性を帯びることになった。

当然経営学においてもこのような経済民主主義、労資協調政策を基盤とする新たな学説が生まれることになった。その一つがニックリッシュの規範論的経営学である。規範論的経営学においては現実を認識することが目標であるのではなく、むしろこの方法の科学目標は、積極的に価値判断を行い、企業のあるべき姿（規範）を研究する点にある。この規範論的経営学は、自ら目標（規範）を設定する科学であるから、目標に対する方法・手段の研究を行う技術論的方法とは異なる。

2　ニックリッシュの経営共同体論

ニックリッシュは経営を人間の組織とみなし、欲求充足のための労資の共同体としてとらえている。その共同体的理念は、一九一五年の「利己主義と義務感」という論文に示されている。この講演においてニックリッシュは、戦争貫徹を強く訴え、そのためには国を挙げての組織が必要であり、その組織はあくまでも有機体としての共同体であり、そこにはじめて利己主義を超えた義務感が生まれてくると主張した。(2) そこではニックリッシュは、すでに企業を個と全体との関係によって成立する「人間の組織」として捉え、企業者だけではなく労働者・職員をもその器官とする一つの全体、「諸力の共同体」として捉えている。そしてこの論文が一九二〇年の『組織』およびその後のニックリッシュ経営学の出発点となっている。このような組織を有機体としての共同体として捉える組織観は、ドイツ経営学の特徴として現代まで脈々として影響力を持ち、ステイクホルダー志向的な企業モデルの一つの原型となっている。

ところで『組織』においては戦争貫徹ではなく、革命に対する秩序の回復という義務感が新たに意識されている。(3) ニックリッシュの組織論においては物質との対立において人間が把握されており、人間を精神として把握し、共同体的存在として捉えている。ニックリッシュは、ドイツ観念論哲学から「人間は精神である」という命題を借用し、「人間は、有機的に作用する力であり、自発的に自己自身を意識している力である」と規定している。[4] そしてニックリッシュは、全意識を統一し、自発的に自己自身を意識していることを良心（Gewissen）と名付けている。[5] この意識が共同体を形成すると理解しており、共同体形成活動を「組織」と理解している。したがって組織とは人間が精神的存在として活動し、有機体として共同体を形成していることを意味している。

このような有機体としての組織を形成するさいに三つの組織法則がある。自由の法則と形成の法則と維持の法則である。根本法則である自由の法則とは、人間が良心に基づいて自分をより大なる統一体の肢体として、すなわちより大なる全体の部分として、同時に多様の統一として他の全体とならび存する全体として意識することである。[6] 全体であり、同時に肢体であるということが有機体、すなわち共同体のメルクマールとなる。この自由の法則は、目的設定と結びつけられる。個々の人間が同一の目的を共同で設定し、その目的を実現するために多くの人間が共働しようとするならば、そこに「共同体」が形成される。共同体は、肢体としての個々の人間から構成される有機的な全体として把握されている。[7]

派生法則である形成の法則は、一体化および肢体化の法則ともよばれる。共同体を形成するさいに、一体化のみあるいは肢体化のみに基づいて組織を形成すると組織は崩壊する。一体化と肢体化は同時に実現されなければならないという法則である。またもう一つの派生法則である「維持の法則」（経済法則）は、共同体の継続を意味する法則である。[8] このような共同体論に基づいてニックリッシュは、独自の成果概念と経済性の概念を展開している。まず、成果概念についてみるとニックリッシュは、規範的な形ではあるが、成果概念を従業員の所得にまで拡大することを唱えている。ニックリッシュは、買入れた原材料や機械や設備の磨損部分は費用として生産物の価格から回収されると考える。しかし経営を共同体としてとらえているので、後に残る経営成果（Ertrag）は、経営構成員（Betriebsangehörigen）のそれぞれの働き（Leistung）によってもたらされたものであり、したがってそれらは経営成果の構成部分であると考える。[9]

このようなニックリッシュの成果概念の背後には独自の「経済性の概念」がある。ニックリッシュによると経済性は、生産過程においては形成の法則と維持の法則とが支配していることを意味する。維持の法則によると経営のエネルギーは、経営の給付とその対価である経営の成果が一致するならば、不変のまま維持される。したがってこの法則のもとでは成果／費用＝1となり、無駄がある場合には、この分数の値は1よりも小となる。獲得された成果はつぎに分配されるが、この分配にも経済性の原則が反映する。すなわち成果は、各人が経営給付に対して貢献した程度に応じて分配されることになる。企業者には、給付に価するだけのもの、すなわち自己資本利子、危険負担料、企業者賃金および利益参加分が分配される。また労働に対しては給付に応じた賃金、いわゆる公正賃金が分配される。そのさいニックリッシュは、「支払われた賃金」すなわち前払い賃金のみではなく、成果の一部である利益からさらに事後分配（利益分配）を行うべきであるという。[10] それによって賃金に成果の分配という性質をあたえようとする。このような成果概念の従業員所得への拡大は、戦後、一九七〇年代にコジオール学派の**R.-B.** シュミット（Schmidt, R.-B.）の成果概念に受け継がれることになる。[11]

ニックリッシュの学説は、当時の経済民主主義、労資協調政策に対応して第一次世界大戦前の純粋理論の立場から規範的な経営共同体論へと転換していった。ニックリッシュの組織観は、現実の経験的現実の分析に基づくというより観念的、規範的性格のものであるが、しかしまたこのような共同体論の背景には、一九一九年のワイマル憲法および一九二〇年の経営協議会法に基づく経営参加の現実がある。ワイマル憲法第一六五条には「労働者および被用者は、共同体における同等の権利を持って企業者と共に賃金ならびに労働条件の規定に、そして生産力の全体的な経済的発展に協働する権限がある」とうたわれている。その基本的立場は、労働者は企業者の単なる道具ではなく、経営共同体の活きた肢体であり、企業者と労働者との協働が経営の基礎をなすという見方である。[12]

これをうけて一九二〇年に経営協議会法が制定され、第一条において「従業員の使用者に対する共通の経済的利益を擁護し、かつ使用者の能率的な企業経営を支援するために二〇名以上の従業員を雇用する全ての経営においては、経営協議会を設置しなければならない」と定められた。この経営協議会は従業員の機関であり、企業レベルでの共同決定の機関ではないので、その意味ではワイマル憲法の労資同権の理念からは大きく後退したものとなった。この理念が実現するには第二次世界大戦後まで待たなければならず、一九五一年のモンタン共同決定法と一九七六年の共同決定法により現実の企業体制として実現されることになる。そして経営学ではニックリッシュにおいて規範的な形で提示され伝統的な考え方が、共同決定制度を踏まえてより現実的な理論として一九七〇年代以降、シュミットやシュミーレッヴィチ（Chmielewicz, K.）により展開された。そこには戦前からの共同体思考にもとづく理論が受け継がれている。戦後、ドイツ経営学に対するアメリカ経営学の影響は著しいが、アングロサクソン的な企業モデルとは異なるドイツ的、あるいはヨーロッパ的な企業モデルを解明するには、伝統的な経営共同体論的なアプローチやそのような思考を受け継ぐステイクホルダー志向的な理論が一つの理論的枠組を提示しているのではないであろうか。

三　インフレーション政策とシュミットの実体資本維持論

1　インフレーション政策

労資協調政策により労働側に譲歩した資本側が体制の復活強化のために最大限利用したのがインフレーション政策であった。ヴェルサイユ条約によって植民地を失い、領土の一部も割譲しなければならなかったドイツは、さらに一三二〇億金マルクという巨額な賠償金を課せられた。そしてこの賠償金の支払いをめぐって独占資本間の対立が生じた。いわゆる「ロンドン最後通牒」を受諾し、「履行政策」を遂行しようとする電気・化学独占資本とそれを拒絶する「破局政策」を推進する石炭・鉄鋼独占資本との対立であった。インフレに対して消極的な態度をとった電機・化学資本に対し石炭・鉄鋼資本は、できる限りインフレを利用することによって資本を拡大していった。(13)

すなわち石炭・鉄鋼資本をはじめ資本側は銀行から多額の短期貸付を受け、それを事業のためだけではなく、他の実物資産への投資のために利用した。そして償還期日には価値の大幅に下落したマルクでたやすく返済することによって新設備、あるいは設備拡張に用いられた資材はただ同然となり、一夜にして富を築くことができ、巨大な利益を上げた。その典型が、インフレを利用して企業の投機的買収により垂直的統合を実現したシュティンネスコンツェルンである。(14) 資本側、特にインフレを利用した石炭・鉄鋼独占資本は、戦後のインフレによって大きな利益を得て資本の集積を促進していった。他方労働側はインフレにより物価の高騰と実質賃金の低下に見舞われた。実質賃金は一九二〇年には一九一三年の三分の一にまで低下した。このような労働側や中間層の貧困化は社会不安の大きな温床を生み、後にナチスの台頭を許すこととなる。(15)

ここでインフレーションの推移についてみると一九二〇年一月から一九二一年七月にかけてマルクのドル相場は緩慢な上昇をたどったが、一九二二年以降ドル相場は再び上昇し、一九二三年一月のフランスによる「ルール占領」以降マルクの対ドル相場は崩壊の過程をたどっていった。この時期にはいると物価は先を行く為替レートを追って加速度的に上昇し、最後には為替レートが動くや否や物価も即刻それに調子を合わせるようになった。商店では昼休みに店を閉め、その日のドル相場を調べたうえで午後に新たな値段をつけて店を開くのが普通となった。紙幣流通量があまりにも急増したため、インフレーションの最後の段階になると印刷機がそれと歩調を合わせられなくなり、破局前の数カ月間、三〇〇の製紙工場が全力でライヒスバンクの銀行券用紙を供給し、一五〇の印刷所が昼夜兼行で二、〇〇〇の印刷機を回転させ銀行券を印刷したが、通貨の供給に間に合わなかった。現金の価値が毎時間ごとに下落したので人々は受け取った瞬間にそれをはたき出すことだけを考えており、だれもが商品をめがけて殺到した。このような異常な事態は明らかにインフレ政策が意識的に推し進められたことを意味している。

2　シュミットの実体資本維持論

独占資本がその地位の復活・強化に利用したインフレ政策は、他面急速な貨幣価値の下落のなかで企業の財産をいかに維持し、仮装利益をどのように排除するのかという問題を生んだ。シュミット（Schmidt, F.）は、一九二一年の『有機観貸借対照表学説』においてこの問題を国民経済全体との有機的関連において取り上げた。

彼は個別企業自体を一個の有機体と見ると同時にそれを全体経済の中の有機的一部とみている。そしてインフレ期においては、問題をもっぱら企業内部の狭い範囲においてのみ考察するのではなく、企業維持を全体経済との有機的関連において考察することを主張した。この有機的経営観の立場からみれば名目貨幣計算ではその時々の市場状況が反映されず仮装利益が発生し、この仮装利益が企業外部に分配されると企業財産＝物的生産力が維持されないことになる。シュミットによると価値変動にたえる資本維持は、名目資本（投下貨幣額）の維持ではなく、具体的物財＝実体資本が維持されなければならない。したがって企業の実体資本（具体的物財）の維持のためには物財を購入した取得価値ではなく、取引日における調達市場での再調達時価に基づいて経営計算が行われなければならないと主張した。このシュミットの理論は、次の相対的安定期に入ると後にリーガーの名目資本維持論の立場から批判されることになる。リーガーは、「時折修正が行われるような貨幣計算は存在しない。実際修正が行われることによって個々のマルクが個性を持つようになるであろう。それは貨幣に起こりうる最悪の事態である」と厳しく非難した。しかしこの実体資本維持の問題は経営学における重要な研究課題となり第二次世界大戦後は、ハックス（Hax, K.）などによって研究がさらに深められることになる。

四　相対的安定期の矛盾と経営学

驚異的なインフレーションは、一九二三年のレンテンマルクの発行によって終息し、一九二四年八月のドーズ案の成立により賠償金の支払期限の延長が認められ、アメリカの資本援助のもとにドイツ経済は、一九二九年の世界経済恐慌までの相対的安定期へと移行した。相対的安定期は外資の導入により独占的競争の激化、合理化政策の強行を特色としている。[16]

この時期、ドイツ経済の再建には多くの困難が伴った。本来、投資に利用すべき資金を賠償金に回さねばならず、また資金については短期の外資に頼らざるを得なかった。そのためこの時期、「ドイツ経済性本部」を中心に産業合理化運動が大規模に推進され、巨大トラストの形成、産業資本と銀行資本の結合、労働強化が推進された。その結果、ドイツ経済は次第に復興し一九二七～二八年頃には戦前（一九一三年）の水準を超えた。一九二四年から一九二八年にかけてほぼ五五〇億マルクが投資され、その内およそ二五〇億マルクが新規投資であった。[17]しかし同時に合理化は、当然労働力の節約と労働の強化を意味した。失業率は一九二七年八・八%、一九二八年九・七%であり、時間あたりの労働給付も戦前の約二割り増しであった（一九二八年一一九）。しかし実質賃金は伸びず、一九二八年にようやく戦前の水準にもどった。一九二八年一〇月には西部ドイツで金属労働者の大量解雇が行われたほど経済の矛盾は、深刻化していた。

他方、この時期はまた合理化政策の強行により、慢性的な操業短縮とそれに伴う固定資本の慢性的過剰、貨幣資本の循環の鈍化による企業の弾力性の喪失等の矛盾を抱えていた。しかもドイツ経済の大きな弱点は、外資の半ば以上を短期の銀行信用に頼っており、その投資をドイツから引き揚げれば経済はたちまち破綻を来す危険を伴っていた。

1　産業合理化とシュマーレンバッハの技術論的経営学

ワイマル期は経済民主主義に基づく労資協調政策が推進された時代であると同時に合理化運動の時代でもあった。この合理化はコンツェルン、トラストの形成による独占強化策と生産技術的合理化政策の推進によって遂行された。産業合理化運動は個別経済と国民経済との両レベルにおける生産性追求運動であり、経済性追求運動であった。シュマーレンバッハは、技術論的方法に基づいてこの生産性＝経済性問題を追求した代表者であった。

技術論的経営経済学は、応用科学としての性質を持っており、技術論的方法においては特定の目標が前提とされ、その目標を遂行するための一定の手段や方法の合理性が研究される。したがって技術論的方法においては目標に対する手段の合理性が問題とされるが、そのさい手段の前提となる目標は、それ自体は与えられたものとしてそのまま受け取られ、これに対しては価値判断は行われない。この点において規範論的経営経済学とは区別される。

ドイツにおいては経営学は、主として経営経済学として展開されたため、技術論的経営経済学においては工学的・自然科学的な合理性が直接問題とされたのではなく、経済的な合理性が問題とされた。したがって簿記、原価計算、経営統計などの計算制度を用いて目標に対する手段の合理性を精密に把握することが問題となった。つまりドイツの技術論的経営経済学においては、計算制度の技術論的研究が中心となっている。シュマーレンバッハは、経営経済学をこのような技術論として構築しようとした。

ではシュマーレンバッハは技術論を展開するさいに与えられた目標としてなにを考えるのであろうか。かれは一九一二年の論文で私経済学の選択原理として「経済性」を提唱していたが第一次世界大戦後、一九二六年の『動的貸借対照表論』では私経済的経済性ではなく国民経済の福祉増進を目指す共同経済的生産性を提唱している。シュマーレンバッハにおいてはすでに発展期の自由主義的資本主義に対する信念、すなわち営利追求が社会全体の発展をもたらすという信仰において動揺をきたしている。このことは、自由な営利活動がそのまま社会の発展をもたらす時代が過ぎ去ったということであり、営利そのものを技術論の目的に据えることができなかった。(18)

『動的貸借対照表論』や『原価計算と価格政策の原理』を公にし、このように経済性を中心に計算制度の技術論的研究を進めてきたシュマーレンバッハは、一九二八年に「新しい経済体制の関門にたつ経営経済学」という講演を行ない、相対的安定期の矛盾を指摘した。シュマーレンバッハは、経営規模の拡大による固定費の増大により自由経済の時代は拘束経済の時代に移り、市場の価格機構が機能しなくなり、自由経済は崩壊すると主張した。この背景には当然、当時の慢性的過剰設備や低操業度という企業の現実の実態があった。

シュマーレンバッハは、産業合理化期における固定費の増大に注目し、「現代の経済は、その高い固定費のために自動的に生産と消費とを調和させ、経済上の均衡をもたらす救済手段を奪われてしまった。比例費はかなりの程度で固定費になったので経済は生産を消費に適応させる能力を欠くにいたった」と述べている。いままでの経済の自動調整機能が働かなくなったことを指摘している。(19)

2　相対的安定期とリーガーの私経済学

リーガーの『私経済学入門』（一九二八年）は、相対的安定期の動きを最も典型的に示す学説である。かれは、労資協調政策のためにヴェールをかけられていた利潤概念を私経済学の中心に据え、利潤を目的とする企業を研究対象とし、純粋科学の立場から理論的経営学を主張した。

理論的方法においては、現実の企業を価値判断なしに、できる限り客観的に叙述することが課題となる。リーガーは、企業の本質的特徴が利潤の追求にあることを認めるが、科学はそのような目的を達成するための手段ではなく、その応用は問題とはしないと主張する。この点において技術論的方法とは異なる。また企業がどうあるべきかということではなく、利潤を追求している企業をあるがままに価値判断なしに研究するという点で規範論的方法とも異なる。理論学派は、どこまでも認識それ自体を自己目的とする価値自由な純粋科学として経営経済学をうち立てようとした。(20) ただしこのような方法論上の立場に対して古林喜楽教授は現象をそのまま把握するのであれば、現象が本質と逆さまに現れている場合には逆さまのまま把握する危険性があることを指摘している。(21)

ところでリーガーは、相対的安定期の矛盾を貨幣的・財務的な危険として強く意識し、技術的な制度である経営の問題ではなく、企業者によって利用され、利潤追求に奉仕させられる企業の問題を貨幣資本の循環・回転の問題として解明した。(22) すなわち慢性的な操業短縮に基づく固定資本の回収、貨幣資本の循環・回転の問題を利潤原理に貫かれた「貨幣の転換過程」としてとらえている。したがってリーガーは、当時一般化していた「経営経済学」という名称ではなくあえて生成期に回帰し、「私経済学」という名称を用いることによってあくまでも経済学として私経済学を展開し、理論の精緻化と統一性を実現しようとした。

五　世界経済恐慌期からファシズム期へ

相対的安定期をとおして蓄積された諸矛盾は、一九二九年に始まる世界経済恐慌によって全面的に表面化し、激化していった。慢性的な操業短縮と失業率の増大に加えてアメリカ資本をはじめとする外資の引き揚げがこれに拍車をかけ、工業への投資はほとんど停止寸前であった。そしてドイツ経済は行きづまり、次第にナチズムが台頭してきた。一九三〇年九月の総選挙でわずか一二名の小党であったナチスが一躍一〇七名を得て第二党に躍進し、一九三二年には第一党となり一九三三年一月にヒトラーが政権についた。同年労働組合は解散させられ、「強制カルテル法」の制定により経済のナチズム経済への再編が行われた。

ナチズムを特徴付けるのは、民族を唯一最高の価値とする民族全体主義であり、個人や企業は民族共同体に奉仕する手段にすぎなくなる。そこでは民族共同体の公益は、他の全ての私益に優先するという「公益優先原理」と民族への奉仕のためには個人は、指導者へ完全に服従しなければならないという「指導者原理」が貫徹している。企業においては一九三四年の「国民労働秩序法」により従業員の企業への奉仕、すなわち経営指導者としての企業者にたいする一方的な服従と忠誠の義務が課せられた。それにともないナチスの時代には経営経済学もファシズム化し、公益優先原理と指導者原理に合致する全体主義的な理論が主流を占めるようになっていった。[23]

またこの時代、シェーンプルークは規範論の立場から一九三三年に『個別経済学の方法問題』を著し、一九三〇年代はじめにおける学説を規範的傾向と経験的・実在的傾向とに分類し、経験的・実在的傾向をさらに理論的傾向と技術論的傾向に分類した。このシェーンプルークの分類は、その後の経営学史研究に大きな影響を与えたが、シェーンプルークにおいては史的観点ではなく純粋な理論的観点から学説の選抜と配列が行われている点に注意する必要がある。

注

（1）吉田和夫『ドイツの経営学』同文舘、一九九五年、二〇頁。
（2）同書、二〇頁。
（3）同書、八〇頁。
（4）Nicklisch, H., *Der Weg aufwärts! Organisation*, 2. Auflage, Stuttgart 1922, S. 17.
（5）*Ebenda*, S. 17.
（6）*Ebenda*, S. 67.
（7）吉田　修『ドイツ経営組織論』森山書店、一九七六年、五二頁。

(8) 市原季一『ドイツ経営学』森山書店、一九五四年、六五頁。
(9) Nicklisch, H., *Die Betriebswirtschft,* Stuttgart 1932, S. 527.
(10) *Ebenda,* S. 280.
(11) Schmidt, R.-B., *Wirtschaftslehre der Unternehmung, Bd. 3. Erfolgsverwendung,* Stuttgart 1978.（吉田和夫監修、海道ノブチカ訳『企業経済学』第三巻成果使用編、千倉書房、一九八六年。）
(12) 吉田　修、前掲書、六四頁。
(13) 吉田和夫『ドイツ合理化運動論』ミネルヴァ書房、一九七六年。
(14) Stolper, Gustav, Häuser, K. und Borchardt, K., *Deutsche Wirtschaft seit 1980,* 2. Aufl., Tübingen 1966, S. 99 ff.（坂井榮八郎訳『現代ドイツ経済史』竹内書店、一九六九年、九四頁以下。）
(15) 田中照純「ワイマル経済体制と経営学説」川崎文治・橘　博・吉田和夫編著『現代資本主義と経営学説』ミネルヴァ書房、一九七八年、一〇三頁。
(16) 吉田和夫、前掲書、九五頁。
(17) 同書、三四頁。
(18) 古林喜楽『経営経済学』千倉書房、一九八〇年、二五頁。
(19) 吉田和夫、前掲書、一五三頁以下。
(20) Rieger, Wilhelm, *Einführung in die Privatwirtschaftslehre,* Nürnberg 1928, S. 44.
(21) 古林喜楽『経営学方法論序説』三和書房、一九六七年、三二頁。
(22) 吉田和夫『ドイツ企業経済学』ミネルヴァ書房、一九六八年参照。
(23) 田中照純、前掲論文、一一三頁以下。

三　世界恐慌とアメリカ経営学

丸山祐一

一　はじめに

一九二九年一〇月二四日のニューヨーク証券取引所における株式の大暴落により、アメリカで、そしてそれをひきがねとして世界大恐慌が始まった。その後長期にわたりアメリカは、深刻な困難に直面し、経済活動の急激かつ長期的衰退はイギリスやドイツと比して深刻であった。三〇年代のイタリア・ドイツの統制経済、ソ連の計画経済の展開は、国家体制をめぐる世界的な相対立する政治的イデオロギー的潮流の複雑な展開と相俟って、アメリカ社会そしてアメリカ経営学にも強い影響を与えた。

大恐慌をもたらしたのは、フーヴァー体制下の無駄排除運動による合理化、生産力の増大、二〇年代後半からの企業合同運動とこれに密接に関連する株式投機である。大恐慌により、これらに対する批判やその再構築が求められ、経営理論にも新しい課題を提起した。ここでは第一次世界大戦における戦時体制から第二次ニューディール（ニューディール体制）にいたる国家体制とその政策がアメリカ経営学に与えた影響を検討する。

二　積極国家の成立からフーヴァー体制

一九世紀の後半における大企業体制の確立と展開は、様々な深刻な矛盾をもたらした。一方で勤労者大衆、中間層によるトラスト批判を強め、他方でトラスト・大企業間の破滅的競争を回避するため国家の調停・介入をトラスト自ら求めることとなった。さらに環境問題など、国家の介入が求められ、ここに積極国家positive stateといわれる国家体制が成立する（T・ローズヴェルトの大統領就任から始まる）。この国家体制は革新主義運動の進展により生み出され、政府は各利害集団（財界、組織労働など）から中立的・合理的で透明性の高い活動が求められた。一八八三年には、国家公務員法が成立し、非人格的で合理的な行政組織が追求された。

1　戦時統制

世紀転換期から第一次世界大戦までの時期は、都市住民や農民の反トラスト世論の高まりに政治的に対応すべく、政府はトラスト規制を「強化」した。同時に、この規制は財界との協調のもとそのイニシアチブの下で展開された。この二面性は、アメリカの第一次世界大戦への参戦により転機を迎えた。民主化（革新主義運動）への配慮は後退し、反トラスト政策は一転し産業の組織化・カルテル化が推し進められた。政府と財界との密接な協力関係が築かれ、財界のイニシアチブにより、多くの業界団体の結成・価格決定・資源配分などがおこなわれた。同時に労使（資）協調、挙国一致体制が求められ、一六年に国防委員会、その下に諮問委員会が設けられウィラードら産業界の代表六人とゴンパースが委員に任命された。一八年には国家戦時労働委員会が設置され、ＡＦＬは労働側代表として、労資対等を前提に戦時の労働政策――ストライキの禁止、労働者の団結権の承認など――がたてられた。他方、急進的なＩＷＷは弾圧されたが、後のＣＩＯ活動家や社会主義者を生む。一七年には戦時経済を全体として統制する戦時産業委員会WIBが設置され、その主導権は急速に組織化（業界団体）を進めた財界が握り政府との緊密な協調体制を構築した。[1] W・G・スコットはギフォードやバーナードなど多くの経営者がWIBなどに参加し、WIBなどの経験が危機に対する経営者の能力を養ったと、その意義を指摘している。[2]

この協調体制は、フーヴァー体制に継承され強化された。「合衆国商工会議所の戦時協力委員会はWIBの下で基盤が拡大した業界団体に関し、組織の拡充によって『生産コストの計算や情報の収集・配布が容易になり、製品の規格化が促進され、不必要なサイズや形態の製品が排除された』と多くの事例をあげて、その必要性と利点を能率化や生産の向上といったより基本的な視点から強調[3]」した。二〇年代における伝統的組織論の展開の基盤としてこの協調体制は大きな役割を果たし、大恐慌後の経営理論にも前提とされる。

2　フーヴァー体制と無駄排除運動

一九二一年に商務長官に就任したフーヴァーは二〇年代の産業政策、無駄排除運動 Waste Elimination Movement を主導した。彼は戦時の財界と政府の協調体制を発展させた。同時に、彼は労働者や消費者の組織化を進め財界との社会的な協調体制の構築を望んでいたが、戦後の財界の反労働組合攻勢、保守的世論のなかで実現することはできなかった。彼は商務省の再編・強化――センサス局・規格局の設置、他の省庁から産業政策部門を吸収など――に取り組み、無駄排除運動を行政側から推進する体制を整えた。

フーヴァーは、戦後連合アメリカ技師協会の初代会長として報告書『産業における無駄』を発表した。それは、科学的管理の視点から「国家能率」（T・ローズヴェルトが主張）、産業、企業、行政などあらゆる領域における無駄の排除＝合理化を推進しようとするものであった。二〇年代に政府の反トラスト政策は後退し、特に二五年以降業界団体の数・公正競争規約の数は急増した。財界と政府は、政府・商務省の支援と財界・経営者の良心の下、これらは経済全体の調和のとれた発展に導き、ソ連の計画経済に優るものとした。

戦後共和党政権・財界は戦時中の労資協調路線を放棄し、反労働組合の姿勢を明確にした。戦時中に浸透した保守主義的なアメリカニズムを受け継ぎ、反共的反労働組合的「アメリカ化」運動を展開し、また労働組合を不要とするオープン・ショップ運動、会社組合の育成がアメリカ的なものとして推進され、同時にウェルフェア・キャピタリズムが多様な形態により展開された。反労働組合の姿勢は一様ではなく、あからさまな敵意を示すものから、特別協議委員会SCC参加のリベラルな企業に見られる従業員の参加や労使のより密接なコミュニケーションを追求するもの（ここにも多様性がある）まであった。二〇年代は、労働組合運動の衰退と経営権の強化が進展した。「革新主義運動の一環として始められた、新移民に対する『アメリカ化』運動は、農村的・異教徒的文化をもつ移民に英語、アメリカ史そして工業的・清教主義的価値などを教え、能率に適合させる試みとして、政府、企業、学校、YMCAなどの協力のもとにおこなわれた。[4]」大量生産体制や大衆消費社会に適応できる能率に代表されるアメリカ的社会道徳そして労働や生活の型を新移民に涵養することを目的とした。同時に革新主義運動が持つ合理的・科学的思考や行動スタイルまた民主主義的市民意識もこのなかで育っていき、後にローズヴェルト連合に結集する半・不熟練労働者の意識・自覚はここからも徐々に育っていった。

テイラー・システム、フォード・システムが戦時の経験（フォード造船所などはその例であろう[5]）を生かし、より高度な形態に発展した。それは同時に労働者（特に新移民を中心とする半・不熟練労働者）や大衆にこのシステムに対応する新たな労働の型・生活の型を求めた。しかし、このことは様々な深刻な矛盾を惹き起した。

この期、大企業は巨大な統合的企業となっていった（この過程で金融機関は、吸収・合併のための様々な金融的手法を開発したが、これが投機を誘発した）、このため集権的な職能部門別組織の形態をとる大企業が多くなり、その組織の経営・管理は専門職業人により担われた。チャンドラーは、一九一七年までには企業の所有者や金融機関は、ミドル・マネジメントの決定はもとよりトップ・マネジメントの決定にも関与しなくなり、経営者資本主義の時代が到来した、と主張した。(6) このような事態の展開は、彼ら専門職業人としての経営者・管理者を自立的・独立的社会階層として意識せしめた。

三　大恐慌とニューディール体制

1　第二次企業合同運動と株式投機

無駄排除運動の展開した二〇年代には大衆消費社会が成立した。好況のなか二〇年代後半に第二次企業合同運動が展開された。「自動車産業の発展は、また株式市場や金融市場に関して拡大とブームを意味した。(7)」フーヴァー体制下の産業の組織化もこのブームをコントロールできなかったし、破局を阻止しえなかった。第二次企業合同運動は、政府や最高裁の反トラストへの消極的姿勢、二〇年代後半の株価の上昇と関連し、これを好機とし企業合同を進めた投資銀行家などの投機的活動と密接に関連した。この過程で株式所有者数は著しく増大したが、実質は株式所有の大衆化ではなく少数の株主への所有の集中が進んだ。企業内福祉や従業員の参加意識を重視する企業（SCC加盟企業など）において従業員持ち株制が積極的に進められたことは留意される必要があろう。

2　大恐慌と第一期ニューディール

F・D・ローズヴェルトの大統領就任から全国産業復興法NIRAの違憲判決までの時期（第一期ニューディール）は、イタリア・ドイツやソ連との対抗で経済の国家統制や計画経済を巡る議論が展開され経営理論にも影響を与えた。財界も経済の統制、計画化への指向を強めた。コモンズと関係の深いラフォレット上院議員は、三一年に政府の経済統制権の確立による国家統制の法案を上院に提出した。タグウェルは、組織された産業も競争＝利潤追求からは逃れられず国家の強力な統制を必要とする、とした。タグウェルの主張の源はヴェブレンの「産

業」industryと「企業」business enterpriseとの区別に遡れよう。(8)

ローズヴェルトは、就任後ただちに銀行制度の救済にのりだす（緊急銀行救済法、三三年銀行法—普通銀行と投資銀行の分離など）、また証券市場の健全化のため証券取引法を三四年に制定し投機の要因となる証拠金取引について証券取引委員会SECに規制権を与えた。

第一期ニューディールの中心をなすのは、AAAとNIRA（三三年六月）である。経済の統制あるいは計画化への強い指向のなかで、NIRAは制定された。財界の強いリーダーシップの下（その基本的構造は、フーヴァー時代と変わらない）、労働者・公益代表が加わり、産業ごとに生産量・価格・労働時間・賃金などを定めるカルテルであり、国家の強い統制の下これを実施しようとした（ここがフーヴァー体制と異なる）。同法7条a項は、労働者の団結権・団体交渉権を認め、組織労働を財界への対抗力（ビッグ・レーバー）としようとした。また公共事業の拡大がうたわれTVAなどに結実した。しかしNIRAは、国家による統制の実効性への疑問、資本・労働・公益（消費者）の協調という形態はとっていたが資本＝財界の圧倒的イニシアチブへの労働側・消費者の不満、七条a項への財界の不満、他方団結権などの実効性の疑問、決定的にはNIRA、AAAへの最高裁の違憲判決により二年間にわたる統制経済への試みは終わった。

3　第二期ニューディール（ニューディール体制の成立・展開）

先の事情に加え、なによりもローズヴェルト連合に結集した広範な階層の人々の声に押され、ローズヴェルトは「左旋回」といわれる方向転換をし、また統制から財政・金融政策による経済の誘導へと転じ、第二期ニューディールが展開する。ローズヴェルト政権は反トラスト的姿勢をより明確にし、「銀行、証券取引、持株会社の規制に乗り出すなど、規制機能をより拡大」(9)した。とくに三八年以降反トラスト法の適用が一挙に強化された。三八年六月臨時全国経済調査委員会TNECが設置され、経済力集中の実態調査がおこなわれた。ローズヴェルト政権は反トラスト的姿勢を世論に押され強めたが、実際は経済力の集中は進み、次のような事態が展開されたとされる、「モルガン金融独裁が大規模な株価操作や不法利益取得に責任があると国民的な糾弾を受け、モルガン金融機関の解体に向け、商業銀行の投資銀行の兼営を禁じたグラス・スティーガル法（一九三三年銀行法）が制定された。……モルガン金融帝国の解体の中、ロックフェラー石油帝国始め……銀行とビッグビジネス（多国籍企業）のアメリカ産業国家の主柱が巨大化し、戦後の多国籍企業の世界的覇権の基礎を築いた。

ルーズヴェルト政権とその背後でニューヨークからワシントン政府を支えたのは、ロックフェラー・メロン産業エスタブリシュメントの経営テクノラートたちであった。一九三三年証券法＝グラス・スティーガル法と一九三四年証券法は、GM……、AT&T、など、ビッグビジネスの『アメリカ株式会社』＝『新産業国家』（ガルブレイス）を築く金融的基盤を形成してきた。銀行と金融システムの適切な規制と金融独占の分割による投機マニアとは無縁な健全な活用こそ、ビッグビジネスを主柱とするアメリカ産業国家の経済金融のあるべき姿であると、ウォール街自身も認識していた。[10]」この期の反トラスト政策をこのような脈絡において理解することは、バーリ＝ミーンズやバーナードなど三〇年代の経営理論を考える際に必要な点と思われる。

全国労働関係法（ワグナー法、三五年七月）成立もまたローズヴェルトの方向転換を示す。彼は、労働保護政策へと舵をとりビッグ・ビジネス に対抗しうるビッグ・レーバーを構築すべく労働者の組織化を推し進めようとした。もとよりワグナー法によって自ずとビッグ・レーバーが形成されるはずもなく、労働側の運動がその基本的要因である。CIOが結成され、不・半熟練労働者を中心とする産業別の労働組合がその勢力を拡大していった。その象徴的なものとして三六年一一月の全米自動車労組UAWによる座り込みストライキがある。ビッグ・レーバーは、ビッグ・ビジネスとビッグ・ガバメントと並ぶ社会的地位を占めるようになり、産業民主主義の体制は、一歩を踏み出す。ローズヴェルトは、社会保障制度をアメリカに不十分ながら創設した。彼の福祉国家指向は、労働組合保護政策とともに、民主化を通じて危機を克服し、健全な資本主義体制の再構築を目指した。このことは企業内福祉、産業の自治体制に打撃を与えた。

四　大恐慌とアメリカ経営学

1　ウィスラー

ウィスラーは、コモンズの理論を経営学の領域に適用した、といわれる。[11] 彼は、大企業における集団行動の慣習化が経営者の恣意による経営から企業の内在的原則による経営を実現する、とした。慣習の形成は、環境への進化論的適応によるが、彼はその際の経営者のリーダーシップを重視する。

彼は、コモンズと同じく大恐慌後のアメリカ資本主義・政治体制への強い危機意識を持っていた。彼は、ＣＩＯの前進に衝撃を受け、その状況において労使協調を実現するには、既に見たように社会福祉制度の創設と企業の収益力の減退により困難となった企業内福祉ではなく人間関係論的手法に期待を寄せる。さらにＣＩＯに結集した新移民を中心とする不・半熟練労働者のアメリカ市民としての自覚の高まりと、新移民が市民として社会的に受け入れられるようになったことも、[12] 人間関係論的手法の意義を増した。彼は、またコモンズなど制度学派の人びとと同じく、予算制度などによる経営の数理的計画的運営を主張する。これは、大恐慌後の計画化、統制化の議論を意識したものであろう。

2　バーリ＝ミーンズ

バーリ＝ミーンズについては、「ヴェブレンの理論的遺産を形式的にうけつぎながら、実質的にはコモンズ的な姿勢によって、独占に対する一定の批判をもちながら、プラグマティスト、パースの主張のような実証的な研究も行なっている」、とされる。[13] 彼らは株式分散の進展と経済力集中の実証的研究により、集中した経済力をいかに管理するか、そのための専門職業人としての経営者の役割を明らかにしようとした。彼らの実証的研究については、TNECの反証があるし、株式分散の程度により株式会社の所有者を単純に推定しえないこと、利益集団による支配の型は多様であること（AT&Tは、モルガン型支配とされる）、モルガンなど金融資本支配の問題にふれていないこと（彼らは、AT&TやUSスティールなどを典型的な経営者支配の成立している企業としている）、などの指摘がある。しかし、ここでは彼らが株式分散の高度化による所有と経営との分離が、会社支配の型に三つの可能性をもたらす、としていることに注目する。所有者の支配、経営者の自己の利益のための支配、そして第三の可能性として支配者となった経営者は、「近代的株式会社は所有者だけでもなく、また支配者だけでもなく、全社会に対して役務を呈共すべきものであると要求する地位に、この社会を置いたのである」、[14] とする。この社会は自ずと現出はせず、世論、組織労働、消費者運動、国家の介入——先に見たモルガン金融独占への規制などによる投機とは無縁な健全な効率的な大企業の育成（ローズヴェルトのブレインであったバーリやミーンズの目指すところである）など——によって危機に対処しうる新しい制度を作り上げていくことにより可能となる。彼らは、三〇年代における大企業の新たな状況への適応の方向（制度学派の進化論的発想、体制内的協調による改良と、そのための制度の整備や経営者の新しい役割を主張する。彼らの所有と支配の分離論および経営者支配論（三番目の選択肢）は、その後のアメリカ経営理論の前提となる。

3　一九三〇年代における伝統的組織論の展開

三〇年代の伝統的組織論は、二〇年代のそれを精緻化・体系化し、職能論的研究を徹底させ、最高経営者の職務の詳細な職能論的分析や大規模かつ複雑な職能部門別組織の全体としての編成と運用の原則を追求した。この期は、行政組織に対する職能論的研究も進み（積極国家以来の伝統の展開）、伝統的組織論は組織の一般理論として展開される。一般理論としての精錬化は、思考・分析の用具あるいは政策立案の用具としての有用性を高める一面を持つとともに、現実の組織や社会関係からの乖離をもたらし、批判を受けることとなる。三〇年代の伝統的組織論は、大恐慌後の厳しい労使対立、世論の大企業（特に金融独占）批判、市場の縮小のなか恐慌的合理化をいかに実現するかを課題とした。

伝統的組織論を確立したとされるムーニーとレイリー『前進する産業』（Onward Indusutry, 1931）では四つの組織原理（調整、階層、職能、職能主義のスタッフ局面）があげられ調整原理が当然中心とされるが、ここでは調整の基盤としての権限に注目する。権限行使のための組織の編成・運用の原理が階層の原理となる、そしてその源は経営権にある。彼らは、この一般的理論を具体的な企業組織などの分析に精力的に適用している。

4　人間関係論

無駄排除運動の展開のなかで始まったホーソン実験は、作業能率をテイラー的な作業条件や人事管理的な心理的条件にのみ関連させるのは不十分であり、工場・職場の全体状況的理解、特に非公式組織の存在と公式組織との動的関係（社会システム）としての理解を主張した。(15) 人間関係論の形成は、三〇年代の新移民など大衆の労働者・市民としての自覚や反トラスト感情の高まり、恐慌的合理化の進展のなかの雇用・賃金など労働条件の悪化や労働強化・非人間化が基底にある。しかし、人間関係論は従業員の不満や抵抗をその根底にある労使関係とは別の心情の論理のはたらく次元において解決しうるとした。

5　バーナードの組織理論

バーナードは、大恐慌以降のアメリカ資本主義・大企業体制の危機の時代に鋭い歴史認識により今日大企業の存在意義が問われると立ち戻られる組織理論をたてた。ここでは大恐慌と関わらしめ、その特徴を二点あげる。一は、大企業・経営者の歴史的社会的存在意義を取り上げていること。二は、経営者から現業員までを公共性を持つ組織目的の合理的達成のための協働者、さらに貢献者概念により多様な利害関係者（今日いうステイクホルダー）をも協働者とし、組織（資本主義企業）を協働体としていること（労使関係の否定）。一、二は、大企業・経営者の社会的地位・役割の歴史的進化が想定されている（この点では、バーリ＝ミーンズと同様である）。

大企業の歴史的社会的存在意義

世紀の転換期以降、革新主義運動の展開など反トラストの世論は高まり、政府も反トラスト政策を強めた。公益事業を営み実質一社独占のAT&Tにとり、この事態への対応は存否にかかるものであった。一三年のKingsbury Commitment（州際通商委員会の承認なく独立電話会社の買収はせずなど）により、同社は政府・世論に従う善きトラスト（「規制下の独占」）たることを宣言した。二〇年代に政府の反トラスト政策が後退しシャーマン法の適用免除をうけたが、大恐慌後の反トラスト政策の強化により三四年連邦通信委員会の規制下に入り、それまでの政府規制への同社のイニシアチブに終止符がうたれた。[16]この間AT&Tは、メディアを使い同社の公共性・合理的経営を世論・政府そして従業員に訴え続けた（パブリック・リレーションズPRの重視）。

バーナードは、大恐慌以降の厳しいトラスト批判に対し、大企業の社会的存在意義を合理的経営による公共性を持つ目的の実現に求め、経営を道徳的倫理的基盤の上におくことを主張した。道徳的倫理的基盤を従業員に扶植し、組織人格の涵養をはかるのが管理者の職務である。彼は、「組織の存続は、それを支配している道徳性の高さに比例する」[17]と述べる。そしてこのことを軸に様々な利害関係者の貢献をひきだし、それらを均衡させることが経営者の職務となる。それでは公共的あるいは社会的目的はどのような性格を持つ組織により追求されるのか。当時の国家・社会体制をめぐる三つの潮流が意識され、彼は国家体制についてはイタリア・ドイツ、ソ連のとった道ではなく、アメリカの歴史・社会・伝統に適合する道をとるべきとする。[18]これに対応し強制的な統制や上からの一方的計画ではなく、「私は人を自由に協働せしめる自由意思をもった人間による協働の力を信じる」[19]と彼は述べ、自発的意思による協働体としての組織を選択する。

協働体としての組織

バーナードの組織理論のもう一つの歴史的背景としてSCC・従業員代表制ERPをみる。戦時中のWIBなどの経験から、一九年にSCCがGMやGEなどを参加企業として労使関係についての意見・情報交換の場として結成された（AT&Tは、二五年正式加盟）。ERPの基本的考えは、コロラド騒乱に際し示されたロックフェラー・プラン（一五年）に遡る。それは、鉱夫の人権の尊重、職場およびそれにかかる社会生活が鉱夫と経営の協力により営まれること、雇用につき従業員代表の意見を聞く、を内容とする（ここには、革新主義運動の影響を見ることができる）。二〇年代のERPは、このような考え（特に後の二点）を実現する制度といえよう。それは、オープン・ショップでもないクローズド・ショップでもない新しい労使関係を目指す。とはいえ考えや実際の制度の多様性を反映して、ERPの評価については、「参加・コミュニケーション機能」と「労働組合代替補完機能」との統一的な評価が今日も確立していない。[20]

バーナードの組織理論には、大恐慌とそれ以前のロックフェラー・プラン、SCCの理念・実践が影響を与えた。彼の組織理論の公準とされる人間の特性（個人の地位は、その前提）や組織参加者＝貢献者を組織人格と個人人格との二重性においてとらえるところにもそれが見られる。[21] 貢献者（様々な利害関係者を考えるべきとするが、その中心は従業員であろう）は、アメリカ市民でありアメリカ的勤労倫理を持つ（持つべき）とされる。新移民など勤労者大衆は、アメリカ社会・職場での地位向上を求め活動し、またフォードの英語学校やホーソン学校さらにYMCAなどのアメリカ化のための団体や組織で教育を受けてきた。三〇年代に、勤労者大衆はCIOなどに結集し労働者としての自覚と団結を高めた（さらに、消費者運動、市民運動、ローズヴェルト連合への結集が重層的に展開した）。この事態をバーナードは受け止め、その理論の公準として人間の特性を措定した。しかし、彼はＳＣＣ的理念を危機の時代に再生せんとし、ＥＲＰの「参加とコミュニケーション機能」（ＳＣＣの理念）の先進性を高く評価し、ＣＩＯやワグナー法は既にＥＲＰなどにより発展し始めた協働に敵対的関係をもたらし歴史に逆行するものである、とした。(22) しかし、ニューディールの労働政策は従業員は労働者であり、その地位・権利は経営側が実質支配するＥＲＰでは担保されず、独立的な労働組合を必要とする認識による。

バーナードは、組織は様々な人々の自由意思による参加により成り立つ協働体とする（これは、ＳＣＣやＡＴ＆Ｔの歴代トップ・マネジメントの主張である）この協働体としての組織は、動的で複雑なものであり、外に開かれたシステムである（伝統的組織論の組織観とは、大きく異なる）。かかる組織を分析・解明するには論理的に整備された概念体系（その中心が公式組織概念である）を要し、これを駆使し総合的学際的アプローチである社会学的アプローチをとらねばならない。かかるバーナードの認識の基底には、道徳的倫理的基盤からの経営者としての行動知を求める強い意欲がある。(23)

注

（1）長沼秀世・新川健三郎『アメリカ現代史』岩波書店、一九九一年、三三二―三三五頁。
（2）W. G. Scott, *Chester I. Barnard and the Guardians of the Management State*, University Press of Kansas, 1992, p. 15.
（3）長沼秀世・新川健三郎、前掲書、三三六頁。
（4）國島弘行「アメリカニズムと経営管理論」、丸山祐一・高木　清・夏目啓二編著『経営管理論の歴史と思想』日本経済評論社、一九九二年、七七頁。
（5）平沼　高「第一次大戦期における技能訓練と雇用管理」、平尾武久・伊藤健市・関口定一編著『アメリカ大企業と労働者』北海道大学図書刊行会、一九九八年、四九四頁。
（6）Ａ・Ｄ・チャンドラー、鳥羽欽一郎・小林袈裟治訳『経営者の時代』（下）東洋経済社、一九七一年、七六八頁。
（7）井上　清『アメリカ企業形態論』ミネルヴァ書房、一九七一年、八四頁。
（8）長沼秀世・新川健三郎、前掲書、三九〇―三九六頁。
（9）同上書、三八八頁。
（10）山脇友宏「二一世紀型金融恐慌と米国金融独占体（上）」、『経済』第一七三号、新日本出版社、二〇一〇年、一四三頁。

(11) 岩尾裕純編著『講座経営理論』(Ⅰ) 中央経済社、一九七二年、Ⅰ (岩尾裕純) 及びⅡ (山下幸夫)、参照。
(12) 川島正樹編『アメリカニズムと「人種」』名古屋大学出版会、二〇〇五年、第五章、参照。
(13) 岩尾裕純、前掲編著、三四頁。
(14) バーリ＝ミーンズ、北島忠男訳『近代株式会社と私有財産』文雅堂銀行研究社、一九五八年、四四九頁。
(15) ホーソン実験についての批判的研究については、泉　卓二『アメリカ労務管理史論』ミネルヴァ書房、一九七八年、第六章「ホーソン実験」が示唆的である。
(16) 加藤勝康『バーナードとヘンダーソン』文眞堂、一九九六年、四六—四九頁。松田裕之『AT&Tを創った人びと』日本経済評論社、一九九六年、第一章、平尾武久・伊藤健市・関口定一・森川　章前掲編著、第一二章、参照。
(17) C. I. Barnard, *The Functions of the Executive*, Harvard University Press, 1928, p. 282. (山本安次郎・田杉　競・飯野春樹訳『経営者の役割』ダイヤモンド社、一九六八年、二九五頁。
(18) W. G. Scott, *op. cit.*, p. 13.
(19) C. I. Barnard, *op. cit.*, p. 296. 前掲訳書、三〇九頁。
(20) 伊藤健市・関口定一編著『ニューディール労働政策と従業員代表制』ミネルヴァ書房、二〇〇九年、一二頁。
(21) Cf. C. I. Barnard, *Organization and Management*, Harvard University Press, 1948, I.
(22) *Ibid.*, I.
(23) Cf. C. I. Barnard, *The Functions of Executive*, PART I.

四　社会的市場経済体制とドイツ経営経済学の展開
——市場性・経済性志向と社会性・人間性志向との間の揺らぎ——

風間信隆

一　はじめに

ドイツは第二次大戦後、米・ソの冷戦構造の激化の下で東と西とに分断され、その後一九九〇年、旧東ドイツが旧西ドイツに編入される形で約四〇年の分断の歴史はここに終焉を遂げ「再統一」されるところとなった。この戦後の（旧）西ドイツの社会経済体制は「社会的市場経済」(Soziale Marktwirtschaft) と呼ばれ、この社会的市場経済はアングロ・サクソン的市場経済体制とは異なるドイツ固有の資本主義タイプを表現する用語として定着し、今日に至っている（本稿はこの西ドイツを念頭において考察を進めるものである）。社会的市場経済は、一九四九年、当時の政権党のキリスト教民主同盟（ＣＤＵ）の政策体系として提示されたものであるが、戦後の社会的市場経済体制の下で展開されてきた政策理念・経済政策はその後の政治・経済動向に規定されて大きな変遷を辿ってきたことが見逃されえない。すなわち、社会的市場経済とは市場経済メカニズムだけでは「社会的公正さ」が確保されないことから国家による介入・規制の必要性を認める点で一貫しているものの、「社会的規制」

図1　ドイツ連邦共和国（BRD）の政権交代と主要政策

年　月	連邦首相	政権政党	社会的市場経済政策		政策・経済事象
1947.6					マーシャル・プラン
1948.6					通貨改革
1949.5					ボン基本法制定
1949.9	アデナウアー（エアハルト経済相）	CDU/CSU, FDP	社会的市場経済体制の成立	市場性志向	ドイツ連邦共和国発足
1951.5			モンタン共同決定法成立		
1952.7			経営組織法成立		
1955.1					資本市場自由化
1957.6			競争制限防止法		
1959.11					SPDゴーテスベルク綱領採択
1961.8					ベルリンの壁
1961.8			経済諮問委員会設置法		
1963.1	エアハルト	CDU/CSU, FDP		社会性志向	
1966.11	キージンガー（シラー経済相（SPD））	CDU/CSU, SPD			
1967.6			経済安定・成長促進法		
1968.1			協調行動		
1969.1	ブラント	SPD, FDP			
1971.5					マルク変動相場制へ移行
1974.5	シュミット	SPD, FDP			
1976.5			拡大共同決定法成立		
1982.1	コール	CDU/CSU, FDP		市場性志向	
1990.7					両ドイツ通貨・関税同盟
1990.1					ドイツ再統一
1993.11					マーストリヒト条約発効（欧州連合（EU）発足）
1998.1	シュレーダー	SPD, 90年同盟/緑の党			「新しい中道」
1998.5					企業領域におけるコントロールと透明性に関する法律
1999.1					統一通貨（ユーロ）誕生
2002.8			ハルツ委員会報告		
2005.11	メルケル	CDU/CSU, SPD			
2009.1	メルケル	CDU/CSU, FDP			

（出所）　井上　孝「社会的市場経済」大西建夫編『ドイツの経済』早稲田大学出版部，1992年，12頁に加筆。なお一部修正。

図2　社会的市場経済とドイツの企業統治・経営経済学の展開

年代	1950年代	1960年代	1970年代	1980年代	1990年代	2000年代
政治動向	ドイツ連邦共和国（BRD）成立（49年）					
経済政策動向	市場性志向 →	→	社会性志向 →	→	市場性志向 →	→
企業統治	二元的企業観	ドイツ・モデルの成立	ドイツ・モデルの展開 多元的企業観の台頭		ドイツ・モデルの変容 「株主価値重視経営」の台頭	
経営経済学*1	生産性志向 → 一般経営経済学 → 理論志向・経済科学としての学科	→	社会性・人間性志向 → 管理論化・学際性・社会科学としての学科 研究の細分化（専門化）多元主義化	→	経済性・効率性志向 → 特殊経営経済学 応用・実証主義志向 英文ジャーナル投稿の隆盛	
主要研究*2	グーテンベルクの要素志向アプローチ	意思決定志向 システム論志向	記述的意思決定志向 システム志向 行為理論的志向 行動科学的志向 産業部門論から機能論への交代 批判的経営学の台頭と衰退	企業倫理学の台頭	資本市場志向 新制度派経済学的志向 経営情報論的志向 組織論的志向 チェンジ・マネジメント志向 国際化・グローバル化志向	

注1．本稿は厳密な学派分類を試みるものではなく，学説展開の主要な流れを大づかみで理解することに主眼がある。
注2．E. Rühli, Betriebswirtschaftslehre nach dem Zweiten Weltkrig (1945-ca. 1970), H. Meffert, Betriebswirtschaftslehre in den Siebziger- und Achzigerjahren, A. Picot, Jüngste Entwicklungen in der Betriebswirtschaftslehre (ab 1990), in E. Gaugler, R. köhler (Hrsg.), *Entwicklungen der Betriebswirtschaftslehre－100 Jahre Fachdisziplin*, Schäffer-Poeschel, Stuttgart, 2002 を参照した。

の具体的実践・政策は大きく異なっていたのであり、市場原理を重視しつつ、その競争の結果生じる不公正・不平等を社会政策ないし社会的福祉によって克服するという「市場性志向」の社会的市場経済とケインズ主義に基づき財政出動によって総需要を操作し、経済活動そのものに直接介入することに力点を置く「社会性志向」の社会的市場経済とに分けることができる。(1)ドイツの戦後の社会的市場経済の発展を辿ると、梗概、一九五〇・六〇年代の「市場性志向の社会的市場経済」、一九七〇年代の「社会性志向の社会的市場経済」、そして一九八〇年代以降、とくに九〇年代以降の「市場性志向の社会的市場経済」への変遷を確認できるように思われる。こうした社会的市場経済の展開は同時にまたドイツのコーポレート・ガバナンス（Corporate Governance：以下では「企業統治」と呼ぶ）のあり方にも、さらには生産性志向から社会性・人間性志向へ、さらには経済性・効率性志向へという経営経済学の主要な動向の展開にも大きな影響を及ぼすところとなったものと考えられる。(2)

本稿は、戦後のドイツの経営経済学の展開過程を社会的市場経済体制の変遷と企業統治の動向と結び付けて検討を加え、経営経済学の展開がこうした社会・経済の動向と極めて密接に結び付いていたことを論証することを目的とする。(3)

二　労使共同決定法の成立と「市場性志向」の社会的市場経済体制

一九四七年の「マーシャル・プラン」によって西ドイツは西側資本主義体制内での経済復興の道を歩むこととなった。このとき、西側占領地区の経済行政の責任者となったのが統制経済に対する強力な反対者であったエアハルト（Ludwig Erhard）であった。エアハルトは「自由主義に立脚する競争経済秩序」を重視するフライブルク学派の新自由主義の思想的基盤に基づき、一九四八年には「通貨改革」と、それに伴う価格統制撤廃を断行し、インフレを収束させることに成功した。西欧占領地域において翌四九年には「暫定憲法」としての「ボン基本法」が成立し、西ドイツは西側自由主義陣営の一員として新たな国家として戦後復興を急ぐところとなった。その過程で推進された経済運営の基本政策は、⑴競争促進、⑵通貨安定そして⑶自由貿易の促進であったし、あくまでも市場原理が機能するためのインフラ創出と市場経済的ルールの遵守が重視されていたのであり、この点で「市場性志向の社会的市場経済」として特徴付けることができる。[4]

しかし、西ドイツが国家としての歩みを始めた当時、最大の政治的争点はドイツ労働総同盟（ＤＧＢ）やその協力関係にあった社会民主党（ＳＰＤ）が強く主張していた、重要基幹産業の「社会化」と労使同権的共同決定による「民主化」をめぐってであった。[5] 一九四九年夏の第一回総選挙の結果、政権を獲得したアデナウアー（**Konrad Adenauer**）は一九四七年にすでに実現されていた鉄鋼産業における共同決定権の法制化にさえ反対していた。ＤＧＢの一九五〇年から五一年にかけて大規模なストライキ圧力により鉱山・鉄鋼産業については共同決定に関する一般法とは別個の規制を行う法律（「石炭及び鉄鋼業の企業の監査役会及び取締役会における被用者の共同決定に関する法律」）が一九五一年に成立した。[6] しかし、一般企業に対する共同決定の法制化についてはＤＧＢの「経営組織法闘争」とも呼ばれた大規模なストライキ圧力にもかかわらずその要求は退けられ、「組合の共同決定に対する要求を一般的・形式的に認めながらも、組合の共同決定を最小限に制限する」[7] 経営組織法が一九五二年に成立するところとなった。この結果、ＤＧＢの要求とは大きく隔たるものの、企業内労使共同決定が法制化され、これが社会的市場経済の「体制構成要素」となったことの意義は大きい。これによってその後の共同決定の拡大につながった一方、労働運動の体制内化が進み、協調的労使関係の基盤が生み出されることになった。

さらに競争制限禁止法、貿易と為替の自由化等の一連の「秩序政策」はアデナウアー政権の下で展開され、戦後の社会的市場経済体制の骨格が形成されるところとなった。この時期、ドイツ経済は「経済の奇跡」と呼ばれるほどの経済的成果をあげ、高い経済成長率と物価の安定、超完全雇用を実現するところとなった。当時、ドイツ国民の多くは何よりも経済復興と「豊かな社会」の実現を目指したのであり、労働者は生産性向上運動に積極的に協力し、それに企業側も実質賃金の上昇と雇用の安定で応えたのであり、アデナウアー政権の経済自由主義に立脚する「市場性志向の社会的市場経済」は磐石の基盤を築くところとなった。この目覚しい経済的成果が多くの国民に支持される中で、ＳＰＤやＤＧＢは一九五〇年代末には伝統的な社会主義路線から決別し、「市場経済と計画経済の諸要素を理性的に統合する」「混合経済」（「可能な限りでの競争、必要な限りでの計画！」）という現実路線を選択するところとなったのである。(8)

さらに戦後まもなく解体された巨大銀行と巨大企業・コンツェルンが一九五〇年代後半から六〇代初頭にかけて再編・強化される過程で、すでにこの時期、ドイツ型企業統治モデルは生成されてきたものと考えられる。(9)

三　経済再建・復興とグーテンベルクの生産性志向的経営経済学

こうした市場性志向の社会的市場経済の時代思潮を背景として、後に「グーテンベルク・パラダイム」(E. Jehle) と呼ばれるまでに多くの研究者集団に支持され、一九五〇年代から六〇年代にかけて決定的な影響を及ぼした研究がグーテンベルク (E. Gutenberg) の経営経済学であった。生産（一九五一年）、販売（一九五五年）そして財務（一九六九年）の全三巻からなる代表的著作(10)である『経営経済学原理』により……グーテンベルクはこの時期のドイツ語圏の経営経済学の発展を特徴付ける」代表的研究者となった。(11)

グーテンベルクの経営経済学の特徴は経営経済的諸問題解明のためのミクロ経済学的手法の徹底した利用にあり、「企業の理念型的経済理論」が目指されていた。「経営経済学は何よりも経済学の一つの部分学科であるべき」

ものとして構想され、最適な（完全経済合理的）人間行動を前提とした経済的法則性、すなわち経済事象の法則的認識が研究関心の中心にあった。[12]

グーテンベルクは「経済・社会的秩序から独立し」、その意味で「体制無関連的」な現象である「経営」と「資本主義経済体制において浮上する経営形態」である「企業」を区別し、とくに後者については自律性原理、単独決定原理そして営利経済原理という「体制関連的」なメルクマールをもつものと捉えるところとなった。グーテンベルクの理論体系では一元的企業観に基づき、「資本所有者と経営者以外は経営の決定を行うことはできない」ものとして「共同決定は資本主義体制に異質的なもの」として捉えられている。[13]

さらにリューリ（E. Rühli）によれば、「グーテンベルクの思考の中心にあるのは、経営ないし企業は何よりも生産要素のインプットと給付というアウトプットとの関係によって特徴付けられるという、新古典派経済学から得られた表象である。[14]」彼はこれを「生産性関係」と呼び、生産要素と給付産出における要素結合の法則性と作用の体系化が中心的課題となるのであり、この点でグーテンベルク経営経済学は「要素結合アプローチ」とも「生産性志向経営経済学」とも呼ばれることになった。この場合の生産要素は、原材料、経営手段そして対象関連的労働給付という三つの基本要素と（計画と組織を含む）処理的要素（管理的労働）からなるものと捉えられ、その要素結合と生産関数に研究関心を集中するところとなったのであり、[15] この要素結合アプローチは彼の主著全三巻に対応して、生産だけではなく、販売、財務にも統一的・体系的に適用され、この点で企業の一般理論、つまり一般経営経済学として打ち立てられたところに最大の貢献を認めることができる。

こうしたグーテンベルクの経営経済学は、当時のドイツ経済の最大の関心であった経済成長、生産性向上を個別企業のレベルで理論的に支えるものとして高い評価を受けることになったのだと思われる。しかし、一九五〇年代後半以降、彼の経営経済学は多くの批判に晒されるところとなった。とくにそれまでの社会的市場経済が変調をきたす中で量的な経済成長重視ないし企業自体の正当性が問われ始めたのであり、また経営内の人間問題・経営参加問題を真正面から捉える必要が生じたのである。さらに鉄鋼・化学・造船から工作機械・自動車などの加工組立産業への産業構造の転換、コンシューマリズムの台頭、ブランドなどの差別化戦略の重視のもとで消費者の購買行動理解の必要性、労働者の熟練形成・動機付けの重要性、高まる環境不確実性の下での外部環境変化への適応や分権化の必要性など現実の多様な企業問題の発生がグーテンベルクの一般経営経済学の限界を次第に露呈させるに至ったものと考えられる。

四　「社会性志向」の社会的市場経済と共同決定の拡大

一九五〇年代末にはすでにドイツ経済の持続的繁栄局面は終焉を迎え、低成長期に移行するが、一九六六・六七年にはドイツ経済は戦後初めてマイナス成長を記録するなど大不況に直面するところとなった。この不況とときを同じくしてエアハルトは一九六六年に退陣し、キリスト教民主・社会同盟（ＣＤＵ／ＣＳＵ）とＳＰＤとの大連立のキージンガー政権が誕生した。この政権の下で経済相を務めたのがカール・シラー（Karl Schiller）であった。シラーは「総合的誘導政策」と呼ばれた経済政策によって社会的市場経済原理の枠内で「制御された経済成長」という概念を持ち込み、経済政策における政府の権限を大幅に強化した。[16]この基礎となったものが、一九六六年に成立した「経済安定・成長促進法」であった。同法は「市場経済体制の枠内で、適正な経済成長を維持しつつ、物価水準の安定、高い雇用水準、国際収支の均衡を同時に達成する」こと（当時「魔法の四角形」と呼ばれた）が目指されていた。[17]

この「総合的誘導政策」は、「社会的市場経済を二つの意味で変質させ」るところとなった。[18]すなわち、第一に

図３　「調整された経済」と関係志向的企業統治システム

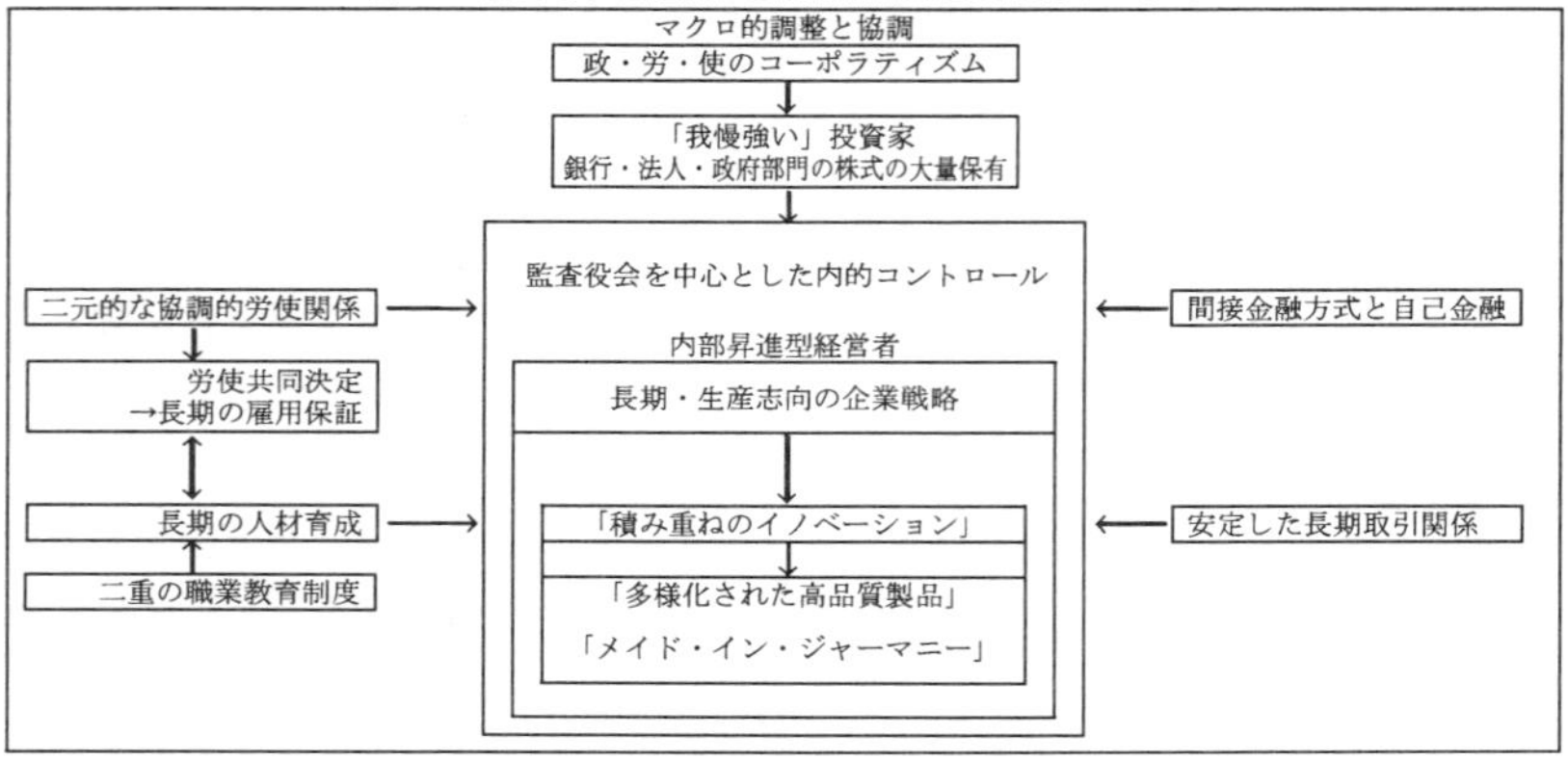

民間経済活動に対する国家による積極的な介入を意味する「経過政策」を積極的に発動し、各種利害関係者集団の行動に直接介入するようになったことであり、第二に国民総生産に占める政府部門の割合の増大であった。とくに前者の目標を実現するために労使・政府の協力を目指す「労使協調行動」が制度的に確立されることになった。ここでのテーマは何より物価の安定を重視するドイツにおいて完全雇用の下での賃金上昇圧力をガイドラインの設定を通じて抑制しようとする「所得政策」であった。こうした賃金上昇が抑えられる条件下で労働側の不満を抑えるためには賃金以外の面で労働側の要求を実現する必要が生じたように思われる。そこで提起されてきたテーマが「労働の人間化」であり、労働時間の削減や労働疎外の克服を目指す「新しい作業組織」の実現であった。とくにＤＧＢの積年の要求であった共同決定の拡大はＳＰＤ主導の連立政権の誕生によって大きく前進することになり、一九七二年には経営組織法の改正を通じて経営協議会の共同決定権が拡大された[19]ばかりではなく、一九七六年拡大共同決定により従業員二千名を越える資本会社に業務執行に対する監督機能を果たす監査役会での形式的労使同権が実現されるところとなった。こうして、一九七〇年代に、その後、世界的関心と議論を集めるところとなったドイツ的企業統治モデルはここに確立を見るところとなったと考えられる。

しかし、一九七三・七四年の第一次石油危機はドイツ経済に深刻な打撃を与えるところとなり、失業率が急激に上昇する中で、「大きな政府」論の下での大規模な財政出動の結果、財政赤字の大幅な悪化をもたらしたばかりでなく、低成長経済から脱することはできなかった。同時にこの時期、従来の経済成長（「物質的豊かさ」）重視の考え方に対する懐疑や競争・効率重視から平等・公正の重視への転換、環境破壊等の経済成長の副作用も多くの人々によって認識されることになったようにも思われる。

五　ポスト・グーテンベルク・パラダイムと社会科学としての経営経済学の展開

すでに一九六〇年代後半には、ハイネン（E. Heinen）の意思決定志向的経営経済学やウルリッヒ（H. Urlich）のシステム志向的経営経済学が登場していたものの、[20]七〇年代に入ると、ますますグーテンベルクの経営経済学の「限定的で現実疎遠的」諸仮定がとくに人事管理と販売の問題に取り組んできた研究者から批判されるようになってきた。とくに「従業員、市場参加者そして消費者の人間行動についての現実に近い諸仮定の獲得は行動科学ないし社会科学的に強く特徴付けられる経営経済学あるいは一層学際的方向を有する管理学（Managementwissenschaft）の出発点となった。[21]」同時にこうした動向は次第に大学教育における一般経営経済学を次第に弱体化させる一方、特殊経営経済学（die speziellen Betriebswirtschaftslehre）が急速に台頭するところとなった。[22]メッフェルト（H. Meffert）によれば、一九七〇年代以降目立ってきた一般経営経済学における多元的科学プログラムの主要な流れとして、ハイネンの意思決定志向的経営経済学、ウルリッヒのシステム志向的経営経済学、コッホ（H. Koch）の行為志向的経営経済学そしてキルシュ（W. Kirsch）らの行動科学志向的経営経済学を挙げることができる。とくに最後に挙げた行動科学志向的経営経済学は何よりも学科を経済科学ではなく、社会科学として構想し、「経済人」仮説に基づく完全合理性を否定し、心理学、社会学そして社会心理学の認識を活用して組織の人間行動を理解し、説明することが目指されるところとなった。こうして、とくにマーチ（J. March）＝サイモン（H. A. Simon）やサイヤート（R. M. Cyert）＝マーチの研究に大きな影響を受けて、「方法論的個人主義」に立脚して組織の人間行動に焦点を当てる研究が組織研究やマーケティング研究において大きく台頭するところとなった。

これらの研究はいずれもドイツが一九五〇年代から六〇年代の経済成長によって「豊かな社会」を実現した結果、「協調行動」の下での「所得政策」によって賃金上昇が抑えられる中で賃金刺激に代えて、労働者の「高次元」欲求を満たしながら労働者の仕事意欲を高める必要性が生まれると同時に、労働者の企業目的との統合・一体化がますます重要となってきたことを反映していた。

同時に、この時期、経営経済学の学問自体の「社会的正当性」を問い直す動きが出て、「価値自由公準」をめぐる方法論争とともに、「批判的（kritsch）経営経済学」が展開されてきたことも注目される。メッフェルトによれば「その際、経営経済学の理論的・実践規範的言明の形式的価値自由に対する批判というよりもそれとは区別されうる党派性（Parteilichkeit）に批判は向けられていた。この批判は、経営経済学の中心的言明が所有者企業家や専門経営者企業家の観点から行われる一方、従業員、消費者そして社会一般の利害は体系的に排除されているという形で現れた。経営経済学は『企業家のための補助科学』に過ぎないと批判された。[23]」とくにこうした既存の経営経済学批判のなかでもっとも包括的な試みがＤＧＢ傘下の経済・社会科学研究所（ＷＳＩ）が提起した「労働志向的個別経済学（arbeitsorientierte Einzelwirtschaftslehre）」の提唱であった。[24]これは「資本志向的経営経済学」に対する対抗構想として労働者とその利害を研究・教育の中心に据えることを要求し、労働者の職場と所得の保証、経営内の労働の最適形成（「労働の人間化」）という目標（「解放的合理性」）が利潤極大化目標よりも上位に位置づけられた。

すでに一九六六年にSPDとCDU／CSUとの間の「大連立」が成立する中でDGBはその積年の要求であった共同決定拡大要求を強めていた。当時のキージンガー政権は共同決定を評価する政府委員会（通称「ビーデンコップ委員会」）を設置し、同委員会は「共同決定が企業家的イニシャティブを変更せず、私企業体制と調和」し、「体制安定化作用」を有すること、モンタン共同決定を一般企業に拡大することを拒否しながらも、資本会社における労働者代表の強化に賛成する報告書を一九七〇年二月に公表した。これを契機にして監査役会への労働者代表の参加問題は一気に大きな政治問題となっていった。さらにこのことはトップ・マネジメントの戦略的意思決定の政治化が大きな問題となる中で経営経済学においてもこの意思決定問題が大きな研究関心となる一方、七〇年代後半以降、企業体制（Unternehemensverfassung）問題が経営経済学において大きな関心と議論を集めるところとなった。とくにシュタイマン（H. Steinmann）は利害多元的な企業観に基づいて企業体制を構成する主要な利害として出資者、従業員、消費者そして社会一般の利害を認め、監査役会を利害多元的な利害代表から構成される「企業協議会」に変革することを提案している。(25)「銀行権力」という言葉に代表される大銀行の大きな影響力、さらには企業集中によって生まれた巨大企業の成立は社会の中での大企業の正当性問題を顕在化させたのであり、こうした企業の権力の社会的規制が企業体制改革と結び付いて大きな課題となっていたのである。

六　グローバル化・IT革命と「市場性志向」の社会的市場経済

一九八〇年代に入ると「構造的危機」とも言われた長引く不況のなかでSPD主導の「大きな政府」はその限界を露呈させ、一九八二年にコール（H. Kohl）を首班とするCDU／CSUと自由民主党（FDP）連立政権が誕生した。コール政権はそれまでの総需要政策に対して、企業の投資意欲の増大を目指す「供給側を重視した政策」への転換を図るところとなった。こうした政策は民間活力を最大限引き出すことを狙いとして規制緩和を徹底し、「小さな政府」の実現を目指す、新自由主義の思想を共有するものであった。しかしこれはその後の一九九八年から二〇〇五年まで続いた、ＳＰＤ主導のシュレーダー（G. Schröder）「赤・緑連立政権」の下でも維持されていたものと考えられる。ここでは「個人の責任と業績を重視し、政府介入を減らし、民間のイニシャティブを発揮させねばならない」として「より多くを市場に、より少なくを国家に！」をスローガンとして、エアハルト以来の社会的市場経済の本来の「市場原理重視」の方向が打ち出されるところとなった。[26]

さらに一九八九年にはベルリンの壁が崩壊し、翌九〇年には統一ドイツが誕生し、同時に東欧諸国の市場経済化のうねりが押し寄せるところとなった。また一九九三年のマーストリヒト条約により欧州連合（ＥＵ）が誕生し、経済・通貨・社会統合の深化と拡大が急速に進むところとなった。さらには一九九〇年のドイツ再統一以降、ドイツ社会において「エアハルトはマルクスに勝った。『マルクス・エンゲルス全集』はエアハルトの書いた『万人の福祉』にとって代わられ」た、[27]といった自由主義・市場経済に対するユーフォーリア（euphoria：熱狂的陶酔感）とも呼べるような現象が生じたこともドイツの社会的市場経済の「市場原理」志向を一層強める作用をもたらすことになったように思われる。

同時に一九九〇年代に入ると世界的規模での経済のボーダーレス化の下で国境を越えたグローバル競争が激化し、ドイツ企業の国際競争力の強化を目指して一層の効率化とコスト低減が至上命題ともなっていった。東欧諸国の市場経済化・ＥＵ加盟とも結び付いて低賃金国への製造拠点の移転・国内空洞化問題が大きな争点となっていった。同時にこうした国際化の下でドイツ国内の産業立地・金融立地としての維持・競争力の強化が問われ、金融および労働市場での規制緩和が一層進展するところとなった。

こうした国際化の進展は株式市場において、従来の「モノ言わぬ」、「我慢強い」大株主（銀行・企業・政府部門）に代わって、短期的な「金融上の利益」を追求する外国人機関投資家が急速に台頭する結果、株式市場の経営者への圧力は大きく高まり、「株主重視経営」が声高に喧伝されるところとなった。[28] 従来、一九七〇年代の「企業体制論」で大きな争点となっていた労働者・労働組合の経営参加問題は影を潜め、競争力強化・収益性向上のための事業の絞込みというリストラ合理化が展開され、利害関係者の対話に基づく交渉ではなく、市場による経営者に対するチェック体制の強化と監視効率がドイツの企業統治問題の大きな争点となっていった。とくに共同決定の「現代化」(Modernisierung) というテーマの下で、監査役会レベルの共同決定改革を目指す動きが大きな関心と議論を集めてきた。

こうした社会的市場経済の変容は一九七〇年代に確立したドイツ型企業統治システムの動揺をもたらしている。これまでのところ、企業内共同決定は維持されているものの、ますます「共同経営 (Co-Management)」による効率重視が強調され、労働組合と経営協議会の利害が相反するケースが増大している。[29]

七　資本市場の圧力と経営経済学の新展開

こうした社会的市場経済の動向は、経営経済学にも大きな影響を及ぼしている。ピコー (A. Picot) は一九九〇年代以降の経営経済学の研究動向を、(1)一般経営経済学的研究の一層の後退と研究の細分化・専門化、すなわち、多元主義的研究方法と研究テーマの多様性、(2)ドイツ人研究者が発表する英語文献の増大そして(3)新制度派経済学 (Neue Institutionenökonomik) に典型的に見られる、経済理論との結び付き、形式的・数学的モデル (formal-mathematische Modelle) の利用と実証主義的研究方法の隆盛として捉えている。

とりわけ本稿が関心を持つのは、経営経済学における「資本市場志向」というテーマである。ピコーによれば、一九八〇年代後半以降、ファイナンス論と資本市場論の研究領域が経営経済学においてますます重要性を高めてきた。[30] とくにドイツ学術振興会（ＤＦＧ）の重点研究プログラムとして「資本市場の実証研究（Empirische Kapitalmarktforschung）」が採択されて以降、多くの理論的・実証的な資本市場研究が展開されてきた。なかでも「資本市場志向内で大きな重要性を占めてきたのが、「株主価値」というテーマであり、企業戦略と企業活動プロセスの資本市場への方向付けの強化であった。すでに以前何らかの形で存在していた大抵の研究動向とは異なり、ここでは経営経済学にとっては全く新しい研究動向が問題となっている。それは戦略経営からマーケティング、人事そして組織、さらには制御とコントロールに至る学科全体を包含するものであり、より適切に『市場価値志向的企業管理』と呼ばれている。[31]」ピコーによれば、こうした研究の契機をなしたものはラパポート（A. Rappaport）の研究であり、ここでは「いかにして持ち分所有者のために企業価値は高められるのか」という問題が中心となっている。同時に、こうした研究に対してドイツ経営経済学内でも多くの批判的意見が存在していたものの、ピコーは、「……このテーマは将来的にもその現実的意義性を失うことはないことが予想されうる。上場企業ばかりか、多くの大企業の管理に市場価値志向が占める重要性はこのことを支持している」ものと捉えている。[32] さらに新制度派経済学による企業統治の議論、とくに資本市場と会社機関構造の分析への応用と効率的な統治構造構築の試みが強調されている。[33]

また一九五〇年代前半には十万人台に過ぎなかった大学への進学者数が一九八〇年代に入ると八十万人台に入り、二〇〇六年には二百万人弱と、同年齢層のほぼ三分の一強が大学に入るという「大学教育の大衆化」が進んでいるばかりか、「評価」と「競争」を志向する、「ボローニャ・プロセス（Bologna Process）」と呼ばれる欧州全域での大学改革の進展[34]が一層ドイツ経営経済学の応用・実践志向と英語論文での研究発表機会の増大化傾向を強めていることが見逃されえない。

しかし、同時に「企業倫理（Unternehmensethik）」研究がシュタイマンやウルリッヒ（P. Ulrich）を中心とする研究者集団によって取り組まれていることも見逃されえない。ここでは米国を中心として展開されている、コンプライアンス型プログラムや価値共有（value-sharing）型倫理プログラムとして展開されてきた企業倫理[35]（business ethics）とも異なる、利害関係集団の利害対立の平和的解決を実現する手段として「討議」ないし「対話」の意義を強調する独自の研究が展開されてきた。[36]これまでドイツの経営経済学ではこうした企業倫理研究に対して批判的で、冷ややかな態度が目立っていたが、二〇〇八年以降、ドイツ経営学会のなかに「企業倫理と経営経済学」ワーキングチーム（座長：A. Löhr）が編成されており、[37]企業倫理研究が経営経済学内でも認知されてきたことが確認できるように思われる。

八　おわりに

ドイツ経営経済学は大学というアカデミィズムの場で生成・発展し、また第一次方法論争で「金儲け論」という厳しい非難を受け、またこれまで学科の性格と方法を巡る方法論争が繰り返されてきた経緯もあって企業実践との距離感が非常に大きいものと我が国では捉えられてきたように思われる。しかし、本稿が明らかにしてきたように、戦後のドイツ経営経済学の発展過程を振り返ると、ドイツの経営経済学研究者もその時々の社会・経済の動向・要請に極めて敏感に反応し、そうした社会的・経済的諸課題の解決に全力を挙げて取り組んできたことが確認されうる。とくに、一九八〇年代以降、米国経営学のドイツ経営経済学への影響力は一貫して高まってきたことと歩調を合わせて、ドイツの経営経済学において一般経営経済学の衰退傾向と特殊経営経済学の台頭、研究方法の多元化・学際化、研究領域の専門化・細分化傾向、そして応用志向の一層の進展が確認されうる。同時に、この社会的市場経済の「市場性」志向の進展、ＥＵ統合の深化と拡大、とくに資本市場の国際化と規制緩和をも背景としてドイツ固有の企業統治システムは大きな変革圧力に晒されている。

注

(1) 井上　孝稿「社会的市場経済」大西建夫編『ドイツの経済』早稲田大学出版部、一九九二年に詳しい。井上は一九五〇・六〇年代半ばまでの「市場性」と一九八〇年代以降のそれとを区別していないけれども、フライブルク学派の「新自由主義」ないし「オルド・リベラリズム」と、一九八〇年代以降、グローバル化の中で喧伝されてきた新古典派の「新自由主義」とは前者の「強い国家」と後者の「小さな政府」という点で大きく異なることは注意されねばならない。

(2) 吉田　修は、ドイツの経営経済学における「理論的な発展の主流」として、シュマーレンバッハの技術論的な学説とニックリッシュの規範論的な学説を挙げ、これをそれぞれ「生産性中心思考」と「人間中心思考」の学説として捉え、これが戦後においてもその歴史の中で「いくつかの紆余曲折を繰り返す姿を見ることができる」としている。吉田　修稿「ドイツにおける経営経済学の生成」経営学史学会編『経営学史事典』文眞堂、二〇〇二年、一三―一四頁。本稿の「社会性・人間性志向」の経営経済学は吉田の言う「人間中心思考」よりも広範に捉えている。

(3) 本稿における戦後のドイツ経営経済学の学説的整理はいずれもガウグラー (E. Gaugler) とケーラー (R. Köhler) の『経営経済学百年史』に掲載された、以下の論文に依拠して考察されている。但し、本論文の整理とは年代区分は若干異なる。E. Rühli, Betriebswirtschaftslehre nach dem Zweiten Weltkrig (1945-ca. 1970), H. Meffert, Betriebswirtschaftslehre in den Siebziger- und Achzigerjahren, Jüngste Entwicklungen in der Betriebswirtschaftslehre (ab 1990), A. Picot, Jüngste Entwicklungen in der Betriebswirtschaftslehre (ab 1990), in E. Gaugler, R. Köhler (Hrsg.), *Entwicklungen der Betriebswirtschaftslehre – 100 Jahre Fachdisziplin*, Schäffer-Poeschel, Stuttgart, 2002.

(4) 井上　孝稿、前掲書、二〇頁。山崎敏夫著『戦後ドイツ資本主義と企業経営』森山書店、二〇〇九年、一〇二―一〇三頁参照。

(5) 花見　忠著『労働組合の政治的役割』未来社、一九六五年、第三章に詳しい。

(6) 二神恭一著『参加の思想と企業制度』日本経済新聞社、一九七六年、第一章に詳しい。

(7) 花見　忠著、前掲書、四〇〇頁。

(8) 花見　忠著、前掲書、四七八頁以下に詳しい。

(9) 小島三郎著『戦後ドイツ経営経済学の展開』慶應通信、一九六八年、第二章に詳しい。小島によれば、三大商業銀行と巨大企業の解体・分割ののち、一九五〇年代後半には積極的な統合・集中が展開されるところとなった。この統合・集中を助けたものは「転換法」と「転換租税法」であった。さらにＤＧＢが経営組織法闘争敗北後、社会的市場経済体制に組み込まれる中で、ＤＧＢはとくに社会行政を中心として代表を送り込み体制内での影響力の行使という形で政・労・使の協調的関係は展開されていったものと考えられる。この点では、とくに花見　忠著、前掲書、四四八頁以降に詳しい。また一九五〇年代以降の「経営をこえる共同決定」、とくに州レベルでの実績については二神恭一著『西ドイツの労使関係と共同決定』一九八二年、日本労働協会、第三章に詳しい。

(10) E. Gutenberg, *Grundlagen der Betriebswirtschaftslehre, Band 1, Die Produktion* (1951), *Band 2, Der Absatz* (1955), *Band 3, Die Finanzen* (1969).（溝口一雄・高田　馨訳『経営経済学原理、第一巻、生産論』千倉書房、一九五七年、同『経営経済学原理、第二巻、販売論』千倉書房、一九五八年。溝口一雄・森　昭夫・小野二郎訳『経営経済学原理、第三巻、財務論』千倉書房、一九七七年。）

(11) E. Rühli, a. a. O., S. 119.

(12) Ebenda, S. 119.

(13) 海道ノブチカ稿「第二次大戦後のドイツ経営学」海道ノブチカ・深山　明編著『ドイツ経営学の基調』中央経済社、一九九四年、四一頁。しかし、これはあくまで原理的な考え方であり、グーテンベルク自体は所有者と経営者のほかに経営意思形成の第三の中枢として「共同決定ならびにその制度及びその担い手」を認めている。E. Gutenberg, *Unternehmensführung : Organisatin und Entsceidung*, 1962.（小川　洌・二神恭一訳『企業の組織と意思決定』ダイヤモンド社、一九六四年、九―一三頁。）

(14) E. Rühli, a. a. O., S. 121.

(15) Ebenda. 同時にこのグーテンベルク経営経済学の登場はその研究方法や生産関数をめぐってメレロヴィッツ（K. Mellerowicz）との間で「第三次方法論争」と呼ばれる激しい議論が展開されるところとなったことは良く知られている。

(16) 海道ノブチカ前掲稿、四三―四四頁。

(17) 二神恭一著、前掲書、三四頁。

(18) 井上　孝稿、前掲書、二五―二六頁。

(19) とくにこの点で第九〇条の労働科学的認識に基づく「人間に相応しい職務設計」の要請及び同法九一条のこの職務設計についての共同決定権が重要である。拙稿「西ドイツにおける『行動計画：労働の人間化に関する研究』の展開とドイツ労働総同盟（ＤＧＢ）の戦略」『明大商学論叢』第七二巻第一号、一九八九年を参照されたい。

(20) E. Rühli, a. a. O., S. 124 ff.

(21) H. Meffert, a. a. O., S. 137.

(22) Ebenda, S. 137. 一般経営経済学の「衰退」・「解体」傾向については梶脇祐二著『ドイツ一般経営学史序説』同文舘出版、二〇〇九年に詳しい。

(23) Ebenda, S. 145.

(24) 批判的経営学には、ここで挙げられているＷＳＩグループだけではなく、いくつかのグループが存在していた。高橋俊夫著『経営経済学の新動向』中央経済社、一九七九年に詳しい。

(25)　シュタイマンについては万仲脩一著『企業体制論』白桃書房、二〇〇一年に詳しい。シュミーレヴィッチ（K. Chimielewicz）や新規範主義の研究動向については海道ノブチカ著『現代ドイツ経営学』森山書店、二〇〇一年に詳しい。

(26)　井上　孝稿、前掲書、二八頁。

(27)　Haselbach, D., *Autoritärer Liberalismus und Soziale Marktwirtschaft*, Baden-Baden, 1991, S. 9.

(28)　「株主価値重視経営」はドイツ大企業の経営者のキャリア特性の変化も反映しており、経営者イデオロギー（Managerideologie）の側面を持つことが見逃されえない。この点について、詳しくはM. Höpner, *Wer beherrscht die Unternehemen?*, Campus, 2003, S. 120 ff. を参照されたい。

(29)　M. Höpner, a. a. O., S. 195. ヘプナーによれば、労使共同決定のトレンドとして、①体制同調性、②効率志向、③プロフェショナリズムと共同経営、④合意志向、そして⑤規制による交渉の五点を挙げている。

(30)　A. Picot, a. a. O., S. 169.

(31)　Ebenda, S. 170.

(32)　Ebenda, S. 171.

(33)　Ebenda, S. 177.

(34)　木戸　裕稿「ドイツ大学改革の課題―ヨーロッパの高等教育改革との関連において―」『レファレンス』平成二一年五月号、国立国会図書館調査及び立法考査一〇―一一頁および一五頁以下を参照した。
URL : http://www.ndl.go.jp/jp/data/publication/refer/200905_700/070003.pdf（最終アクセス日二〇一〇年五月一四日）

(35)　梅津光弘稿「アメリカにおける企業倫理論」中村瑞穂編著『企業倫理と企業統治』文眞堂、二〇〇三年、第一章に詳しい。

(36)　シュタインマンを中心とするドイツの「企業倫理」の研究動向については万仲脩一著『企業倫理学』西日本法規出版、二〇〇四年に詳しい。

(37)　このワーキングチームについてはドイツ経営学会（Verband der Hochschullehrer für Betriebswirtschaft e.V.）のＨＰに詳しい。以下のＵＲＬを参照した。http://vhbonline.org/einrichtungen/ag/ag-unternehmensethik/（最終アクセス日：二〇一〇年三月四日）

五　戦後日本企業の競争力と日本の経営学

林　正　樹

一　はじめに

大会プログラム委員会から私に与えられたテーマは、「統一論題」の第2のサブテーマ「第二次世界大戦後と経営学」、その中の「経済復興と日本の経営学（日本企業の競争力と日本の経営学）」である。「経済復興」となっているが、「戦後日本の経済復興期」から二十一世紀の初頭までにおける、「日本企業の競争力」に関する経営学研究と理解する。また、日本の経営学が日本企業の競争力を企業内外の様々な側面から研究してきた、その成果と問題点の分析に基づいて、経営システムの視点を提起し、企業の競争力要因の総合的分析を目指す。

二　報告の視点と方法

第二次世界大戦後の「奇跡」的な経済復興と日本企業の競争力強化と成長の歴史は、その時代の海外（輸出）市場という背景と日本の産業構造および国民の生活水準の発展段階との関係において理解する必要がある。敗戦による焦土からの復興は、政治危機・経済危機・社会危機・生活危機からの脱却であったのであり、企業の経済的業績の回復の側面の研究は必要ではあるが、それだけでは十分ではない。なぜなら、日本企業の競争力は、売上高や輸出の増減という企業業績の結果だけでは正確な理解は出来ないのであって、企業活動を取り巻く経済的・社会的・政治的・国民生活的背景との密接な関連においてのみその内容が正しく理解できるものだからである。

たとえば、日本経済が重化学工業の発展（一九五六～一九七〇年代初頭）を経てマイクロ・エレクトロニクス技術の発展を基礎とする科学技術集約型産業構造を発展（七〇年代後半～一九九〇年）させ、日本のＧＤＰが一九六八年にアメリカとソ連に続いて世界第三位になったこと、海外市場で日本（日系）企業のシェアが拡大した（七〇年代以降）ことなどは、日本企業の競争力の発展を示すデータ＝結果だけでは明らかにならないのであって、その結果に至るプロセスやそこにおける原因・結果の分析、その過程で生じている矛盾や今後の課題の分析によって初めて明らかになるのである。また、日本の経営学がイノベーション研究を活発化した背景には、一九八五年秋からの急速な「円高」と一九九〇年代初頭の「バブル経済」の崩壊による経済危機があった。しかし、バブル経済崩壊までは、日本企業（特に輸出産業）の競争力強化を無条件に良いこととする「錦の御旗」意識が、九〇年代以降においても払しょくできていなかった。

今日でも、企業の責任は第一に経済的業績を上げることを前提とする研究が依然として多く、企業の社会的責任や社会的貢献を第一とする研究は少ない。後者を重要視するという研究でも、その理由は企業のイメージの向上や企業業績の上昇など、経済的業績を上げる手段とするものが多く、企業の社会貢献を最優先とする研究は少ない。社会貢献を最優先する企業に対してはこれを社会的企業として一般企業と区別する傾向が強い。しかし、一般企業ならば社会的責任や社会的貢献の追求は「二の次」で良いのであろうか。「良い」とする、その論理は何なのか、誰のため、何のための企業なのか、まさにコーポレート・ガバナンスが、真剣に問わなければならない。

（企業の「競争力要因」とその組合せによる経営システム）　企業の競争力は、（1）個別企業内部の資本、労働、技術、材料および経営管理など、その企業が顧客市場に提供する製品・サービス（以下、製品）の市場性を直接規定する企業レベルの競争力要因（企業内要因）と、（2）天然資源や労働力の賦存具合、科学・技術や教育の普及とその水準、国民所得の水準、各種の社会制度や法律、および政府の産業・経済政策など、企業のレベルを超えた産業レベルないし国レベルの競争力要因（企業外要因）とから成っている。また、企業は、経済構造、社会構造および自然条件を考慮し、企業外要因を企業内の競争力要因として取り込もうとする。しかも、企業はあらゆる企業外要因を全て取り込むのではなく、企業独自の経営理念や経営方針・経営戦略・経営組織などの経営システムの構成要因として、選択して取り込む。こうして選択されたものだけが競争力要因となる。ここに、「国の競争力」や「産業の競争力」を規定する要因[1]との違いがある。すなわち、企業の競争力は企業内要因と企業外要因とから構成されると同時に、両者の組合せによる相互作用関係を理解することが重要である。

企業は、その競争力要因の組み合わせ（＝システム化）を通じて、その成果としての製品やサービスを市場に提供し、その価格や品質（性能や安全性やデザイン等）などが市場で受け入れられることによって収入を得て、売上高やマーケット・シェアおよび利益等の業績をあげることができる。すなわち、競争力要因の組合せによって経営システムが構築され、その組合せ方によって企業の業績が左右される。また、企業の競争力要因とその組合せ方（＝経営システム）には、国や地域さらには企業ごとにその特性を生かした特徴があるが、企業内外の競争力要因が変化するに伴って、それらの特徴（例：「日本的」経営）も変化ないし進化する。

三　企業競争力要因の総合的研究

企業の競争力要因は企業外要因と企業内要因とから成るが、企業は企業独自の経営理念や経営戦略に基づいて企業外要因を分析し、必要なものを選択・加工して企業内要因とともに経営システムの構成要素とする。以下では、従来の企業競争力研究を企業外要因研究と企業内要因研究とに分けて整理し、後者をさらに、(1)コーポレート・ガバナンス（統治構造とその基本原理＝経営理念・経営方針・経営目標）、(2)経営戦略、(3)経営管理組織・制度（生産・技術・労働システムを含む）、および(4)人事・処遇・報酬システムとから構成される経営システムの研究として整理し、以って企業競争力の総合的研究の試論とする。

1　企業外要因（国家・政府の政策）

第二次世界大戦後における日本経済の高度成長は、占領軍ＧＨＱによる戦後の民主化政策が基本的な土台になっている。ＧＨＱによる民主化政策のうち、主要なものは、農地解放（小作から自作農へ）と財閥解体（財閥本社の解散と保有株式の国家による買い上げ）および大企業の分割、独占禁止法の制定（以上を一九四七年）等であった。経済復興のために、石炭・鉄鋼部門への「傾斜生産方式」（四七年）が採られたが、新物価体系で基礎物資は六〇倍、賃金は二七・八倍とされてインフレが進行した（物価は二〇〇倍）ため、四九年には、ドッジ・ラインによる単一為替レート（一ドル＝三六〇円）が決定され、インフレ的経済復興から産業合理化による経済復興へと舵を切った。また、「重点産業」（電力、鉄鋼、石炭、海運）に対する長期資金の供給に向けて日本開発銀行（五一年）や日本長期信用銀行（五二年）の設立、企業の資本蓄積を促進するための固定資産の耐用年数の短縮と租税特別措置法に基づく特別償却制度の導入（五一年）、「企業合理化促進法」（五二年）の制定などによって、欧米からの工業技術の導入を促進し貿易立国の基礎を作った。ここに示されるように、戦後復興期には、全体として国家・政府主導による資本主義復活の軌道が敷かれた。[2] すなわち、敗戦という国家的危機（経済危機や政治的危機を含む）においては、日本企業の競争力の強化が国家・政府主導による資本主義復活政策という軌道の上に、いわば「国是」として追求されたのである。

また、アメリカの対日政策の変更（一九四九年）を受けて、たとえば、最初の独占禁止法では、①持株会社の禁止、②事業会社による他社株式の所有も原則禁止、③金融機関は五％以上の他社株所有を禁止していたが、四九年の改正で、②を解除し、③を一〇％に緩和した。また、ドッジ不況の下での大企業の再建整備のための人員「合理化」と労働組合の反攻に対する生産性向上運動の展開、アメリカ式経営制度や手法（ＣＣＳ講座、ＴＷＩ、ＳＱＣ、など）の導入がＧＨＱの指導で行われた。「年功賃金」の原形（「電産型賃金体系」）が形成されたのもこの時期であった。すなわち、次の高度成長期の構造的基盤がこの時期に構築されたのである。

国家・政府の政策の機能の重要性を示す事例としては、六〇年代・七〇年代においては、機械産業や電気・電子産業の振興政策によって重化学工業化とコンピュータによるプロセス・オートメーションが実現し、一九五五年にはアメリカの一〇分の一以下であった粗鋼生産高が当時「鉄は国家なり」の名目で最先端の技術の導入などにより一九七四年には粗鋼生産高が西ドイツを抜いて米・ソに次ぐ世界第三位になり、一九八〇年にはアメリカを追い越すまでに成長した。七〇年代～八〇年代には「機電法」（一九七一年）に基づく官民合同の「研究開発組合」を発足させて国産コンピュータ（ＩＢＭ互換機）の開発（七六年）と「超ＬＳＩ」の開発に世界で最初に成功（七八年）するなどの実績がある。二十一世紀に入ってからは、e-Japan や u-Japan 政策によって九〇年代の情報ネットワーク化の遅れをいかに取り戻すか、また、地球温暖化対策として、政府と企業だけではなく、地域住民がいかなる協力体制を築くことができるか、さらに、日本とアジア諸国との新たな経済関係の発展を展望するなかで、日本企業のグローバル市場での競争力の維持・発展と国内産業・雇用・国民生活の安定をいかに両立させるか等の政策が重要な課題となっている。

2　企業内競争力要因

従来の日本企業の競争力研究を経営システムの構成要因ごとに整理することによって、日本企業の競争力を経営システムという視点から総合的に考察することができる。

(1)　コーポレート・ガバナンス（企業の統治構造）とその基本原理（＝経営理念・経営方針・経営目標）

（企業集団の形成と社長会結成の意義）　財閥解体後、独占禁止法によって純粋持ち株会社は禁止されたが、事業持ち株会社は二年後の独禁法の改正で解禁された。それは、日本企業の競争力にとって、いかなる影響があったのか。マイナスとしては、①財閥本社が担っていた機能、たとえば資本グループ全体の戦略構想・決定機能を担う組織を失ったことであろう。しかし、六〇年代になると、企業集団の形成と社長会の結成によって、失った機能の多くを回復しただけではなく、より強化して行った。プラスとしては、「株式所有と経営の（人格的）分離」が明確になり、形式的ではあれ「経営者支配」が成立したことによって、合理的資本主義的企業が成立した。「所有・支配・経営」の実態は株式会社の本質に関わる問題として多くの研究がなされてきたが、「経営者支配」論と企業競争力との直接的な関係について研究したものはほとんどない。

しかし、株主利益を第一とする米国型のガバナンスと従業員の利益を第一とする（旧）日本型のガバナンスとでは、前者は短期的な利益志向経営になりがちであり、後者は長期的な利益志向経営になりがちである。したがって、前者では起業とM&Aが活発になり、後者では長期雇用を前提とするので生産現場での「改善」など合理化が可能となり、長期間の研究開発に基づく新製品市場の開発も可能となる、等の相違が生じる。それゆえ、前者をアングロ・サクソン型資本主義、後者を日本型資本主義と呼ぶなど、資本主義の収斂説に対して、「多様性」を認めようとする研究が注目されている。

（トップ・マネジメント組織の近代化）　日本企業の意思決定システムの特徴は、終戦までは「職能分化が十分でなく、特にトップ・マネジメントの意思決定や統制を補佐するゼネラル・スタッフの発達がほとんど見られない状態で」あり、戦後においても、「一九五〇年代の前半までは戦前からの経営の仕組みを受け継ぎ、りん議制度を中心的な手段とする直接統制による経営であった」[3]とされている。戦前からの「トップによる統制のための制度」が、戦後における経営の近代化の過程で「ボトム・アップ・マネジメント」へと進化したという貴重な研究である。

経営の近代化については、一方では、一九五二年の商法改正で受託経営機関としての取締役会の設置が制度化され、経営管理の意思決定と業務執行の監査が職能として明記された。他方で、一九五〇年代の前半にはアメリカ的な管理思想と管理手法導入、五〇年代の後半には日本経済の急速な成長に伴い、多くの企業が組織の改革に取り組むことになった。その代表的な組織改革が、常務会の設置で、その設置率は、一九六三年末で、九〇%を超えた。

株式会社の最高意思決定機関は取締役会であるが、一九九〇年代半ば頃までは、日本の代表的な大企業株式会社の最高意思決定は、取締役会で最終的な決定が行われる前に、常務取締役会で実質的な審議が行われていた（＝取締役会の日本的無機能化）。それゆえ、九〇年代後半以降は、多くの企業において取締役会のスリム化、そのための執行役員制度の導入などが推進され、取締役会の実質的機能化による企業競争力の強化が図られた。

九〇年代の企業経営をコーポレート・ガバナンスの面から見れば、純粋持ち株会社（一九九七年の独禁法改正で解禁）を設立して企業グループ全体の経営方針と経営戦略の策定機能を担当させる、企業を分割ないしは統合する、あるいは、一企業内に複数の「カンパニー」や「社内ベンチャー」を作り利益責任体制を強化すると同時に、子会社あるいはカンパニー単位での独立・提携または切り捨て容易な企業システムを構築し、分社化やカンパニー制を採用して、ライバル企業との提携（＝「戦略的提携」）をも視野に入れていつでも「勝ち組連合」に参加できる体制を整備している。たとえば、一九九〇年代以降、自社ブランドを持たず、複数メーカーからパソコンや携帯電話などの電子機器の受託生産を請け負うＯＥＭ（Original Equipment Manufacturing）、ＥＭＳ（Electronics Manufacturing System）、およびＯＤＭ（Original Design Manufacturing）という事業形態がアメリカや台湾・中国で急成長している。これらの企業は、「製造だけでなく、設計や部品調達、物流まで一貫して手がける。大手メーカーはコスト削減のために、製造の外部委託を拡大しており、その需要を取り込むことで急成長した」(4)。このような企業行動を法制度の面から支えるのが、会社分割や自社株買いを認める商法改正と会社法の制定（二〇〇五年）や「日本版金融ビッグ・バン」による都市銀行の再編成であった。

コーポレート・ガバナンスの基本原理は、経営理念・経営方針・経営目標として示されるが、最も具体的に示されるのは経営目標である。経営目標に関する調査(5)によって、日米企業間で最も重要視する経営目標の違いがはっきりと示された。また、アメリカ企業が最も重要視する経営目標は、「利益の最大化」が断然第一位で、「一〇年前も現在も、一〇年後も」、その特徴に変化はなかった（一九八八年調査(6)）が、日本企業の経営目標は「一〇年前・現在・一〇年後」とで、大きく変化していることが示された。すなわち、一〇年前（一九七八年）には最も重要視するのは、第一位が「売上高の最大化」（四七・三％）、第二位が「利益の最大化」（二九・四％）であったが、一〇年後には第一位が「利益の最大化」（四五・〇％）で第二位が「売上高の最大化」（一二・四％）に大きく変化した。これに類する調査も、日本企業の経営目標は一九八〇年代と九〇年代とで一定の変化があったことが確認できる。しかし、その変化は、営利性目標の範囲内での変化であり、盛田論文が指摘した「（グローバル社会で受け入れられる）競争ルール」の変化ではなかった。(7)

経営目標の違いや経営目標の変化は、企業の競争力の質と量の両面で密接な関係がある。（１）アメリカ企業が最も重要視する経営目標である投資収益率（ＲＯＩ）は、売上高利益率と総資本回転率の積であるところから、「安易なレイオフ」↓コスト削減↓「短期的利益追求」の危険性を内包しているのに対して、日本企業の経営目標は「終身雇用」↓「総資本付加価値率の極大化」↓設備投資と従業員の教育重視（裏返しとしての「労働強化」）↓「長期的利益の追求」（裏返しとしての「不採算部門の継続」）という傾向が指摘できる。また、（２）日本企業の経営目標が一九八〇年代の後半に成長志向型から体質強化型への移行が見られたが、その背景には、アメリカにおける金融規制の緩和に代表される「株主反革命」と新自由主義思想があった。さらに、（３）二十一世紀の最初の一〇年間をみると、やや成長志向型の目標への回帰傾向、それに伴って、成長志向型と体質強化型の同時追求の傾向が見られるが、その背景には、国内不況の長期化と新興工業国の追い上げがある。

(2)　経営戦略

（「日本企業に経営戦略はない」？）　一九八〇年頃までの日本の輸出産業企業は、通産省などの行政指導の下、旧財閥系を含む都市銀行と総合商社を中核とする企業集団を形成して、海外市場の争奪戦を展開したので、当初は、日本企業の異質性とか後進性と理解され、批判された。しかし、八〇年代に入ると、日本企業の資金調達・生産・販売・外注管理システムなどの経営システムや長期的成長志向の意思決定などの研究が進む中で、企業の経済的・社会的・文化的な環境に適応した合理的な戦略的行動として理解する研究も徐々に増えていった。しかし、「継続的改善の積み重ね」や「競合他社の模倣や同じ手法を少し上手に行うこと」は、九〇年代以降においても、依然として日本企業、特に製造業企業に共通する特徴として継承されている。それゆえ、日本企業の行動は「同質的な企業行動」をとっていると見られ、「日本企業には経営戦略がない」と指摘[8]されることにもなった。しかし、「日本企業には経営戦略がない」という指摘に対して、そうではないとする研究、すなわち、「同質的競争」

のなかにも企業ごとの理念や歴史を継承しつつ、他社の優れたものを学習し、独自技術に基づいた製品開発に成功するという次元の異なる競争戦略を展開しているという研究[9]も発表されている。

（日本企業のグローバル化と経営戦略）八〇年代は、日本から欧米先進国への集中豪雨的な輸出が「失業の輸出」と批判され、現地生産に乗り出すきっかけとなって、海外直接投資による現地生産が急速に拡大し、多くの日本的多国籍企業が誕生した時代であった。これに対応して、企業経営の面からは、日系企業が日本という「特殊な環境」から出て、異なる「環境」（雇用形態・賃金・労使関係など、異なる「競争ルール」や異文化を持つ国や地域）で、「やっていけるのか」など、その行動と成果が注目されたが、日系企業は八〇年代を通じて海外直接投資を増大させ、日本的経営・生産・作業システム等の海外移植が増加し、「ジャパナイゼーション」と言われた。また、九〇年代以降、たとえ日本の品質基準や企業の自主的な品質改善活動で優れていても、ＩＳＯ（国際標準化機構）の認証を得なければ、ＥＵ市場に参入することは難しくなった。また、パソコンの部品やソフトウェアやインターネット・ブラウザー、ないしはＤＶＤ等々におけるメーカーの垣根を越えた共同利用のための規格統一という意味での国際標準・デファクト・スタンダードをめぐる協調と競争が多く展開されたので、「戦略的提携」「企業間・組織間関係」「標準化」等の研究が次々に発表され、多くの関心を引いた。

他方で、九〇年代以降、旧社会主義諸国の市場経済への移行によって、開発途上国の潜在的な市場が急激に開花し始めた。そこには、日本をはじめ先進工業国の企業が大きくかかわっている。日本企業は従来の先進資本主義国（特にアメリカ）中心の海外直接投資戦略からアジア・南米などの発展途上国（特に中国）への直接投資の拡大へと舵を切り替えた。日本企業は、その活動拠点のうち、どの機能を、世界のどこに立地するべきかという世界最適立地戦略をグローバルな視点で展開する事態になっているのである。その活動拠点は、生産や販売機能だけではなく、研究開発やデザインさらには地域ごとの各拠点を統轄し、シナジー効果を追求する「地域統括本部」としての機能をも含むものになっている。こうして、今や、グローバル市場では各国の多国籍企業による、三～四極体制が構築されつつあるのである。

しかし、世界最適立地戦略をグローバルな視点で展開すると言えども、その実、日本国内のコスト削減のためにアジア諸国の低賃金労働力を利用したいという進出動機が多く、「高コスト構造」の日本から「脱出」していく、「国内産業の空洞化」に直結するものであった。事実、二〇〇七年には海外に現地法人を持つ日本企業（製造業）は、その売上高の三三・二％、ほぼ三分の一を海外で生産するようになっている。

こうした状況に対して、『通商白書』は、「比較生産費」説（D・リカード）に基づいて、「より安い製品の輸入」や「付加価値の高い製品生産」へのシフトというわが国企業の国際展開自体は「我が国産業の比較優位に沿った産業構造・高い就業構造の実現の過程そのもの」（＝「産業の高度化」）であって、「産業の空洞化として問題視すべきではない」[10]とした。しかし、日本企業の海外進出は、「海外の低い生産コスト等の利用によって競争力を強化する一方で、日本企業固有の競争力を毀損し外国企業の競争力を強化する面もある」[11]という研究や「日本では研究開発だけ行って生産活動は海外で行えばよいとの議論は、机上の空論に過ぎない」[12]との批判もある。また、一つの製品は複数の技術の複合体であるから、付加価値の高い製品だけを作ろうとすると技術体系（および、それを基礎とする産業体系）が死んでしまうとも考えられる。

現に、世界半導体産業における日本企業の競争力は、一九八〇年代から九〇年代の始めまで、世界のトップ・シェアを維持していたが、九〇年代の前半にアメリカ企業によって再逆転されただけでなく、二〇〇二年には韓国企業にも追い越されている。

(3)　経営管理組織・制度

（自動車産業企業の職能別部門組織と子会社および系列）　アメリカの自動車企業は事業部制組織を一九二〇年

から採用してきたが、日本の自動車メーカーは職能別部門組織を採用し、その下に少数の事業子会社と事業取引会社を階層的に組織する系列構造を形成した。事業部制を採用した米企業は部品製造事業部を抱えているために内製率は五〇〜七〇％に対して、日本企業のそれは二〇〜三〇％、従業員数も五対一、資本金規模と売上高も米企業が圧倒的に大きい。これは、一時期、日本企業の非効率性＝低競争力の証拠と批判されたが、一九八〇年代の後半以降になると、親会社の外注比率の高いのは、むしろ効率的であり、階層構造（職能別部門組織＋系列＋下請企業）がそれを可能にしているというように、評価が逆転した。事実、一九七〇年代の二度の「石油危機」を契機に日本車の評価が高まり、一九八一年から九年間日本車の対米輸出自主規制が実施された。しかし、その後も日本車のシェアは徐々にそして着実に上昇した。

（電機・電器産業企業の事業部制とカンパニー制およびＥＭＳの利用）　松下電器産業（現パナソニック）は、一九三三年にそれまでの職能的部門組織から大幅な権限委譲と独立採算制に基づく事業部制に切り替えている。戦後には、東芝・日立なども事業部制を採用しており、日本の電機・電器（以下電気）産業企業は、自動車企業と違って、そろって事業部制を敷いた。しかし、アメリカ電気企業のように全てを本社の直接管理の下に置く事業部制とするのではなく独立子会社を多く設立して、グループ企業とした。その組織は、高度経済成長が続いている間は新事業・新製品の開発などで強い競争力を発揮したが、平成不況に入った後はグループ企業内部や事業部間の重複分散投資が開発部門でも工場部門でも行われるという欠点が顕在化した。そこで、ソニーが一九九四年に事業部制を強化するカンパニー制を導入すると、九九年に東芝が続き、各社に広まった。さらに、パナソニックは二〇〇三年松下電工の完全子会社化など、ドメイン会社制の導入を決定した。一九三五年に分社化で独立した子会社を、ＴＯＢで株式の五一％所有にしたのである。二〇〇九年は、日立製作所が日立マクセル・日立プラント・日立システムなど子会社五社を完全子会社化した。ねらいは、グループ企業のガバナンスの強化と経営資源の集中による競争力の強化であった。

（「生産・技術・労働システム」）経営管理組織・制度の下で、種々の具体的な「生産」活動が行われる。ここで「生産・技術・労働システム」という概念は、企業の中で行われる財務・雇用・研究開発・情報化・購買・製造・流通など、種々の具体的な「生産」活動システムの総称である。企業の競争力が市場で評価されるのは、「製品」や「サービス」を通じてであり、それを直接的に生産するのが「生産・技術・労働システム」である。「生産・技術・労働システム」は、生産方式（生産・情報技術システムと労働作業組織・制度）と労働（者）とからなっており、それぞれの質・レベルの高さと同時に両者の組み合わせ方によって、システムの稼働率や労働生産性および製品の品質・コスト・納期などが変化する。

戦後の日本企業は、欧米の先進的生産技術を競うように導入した。また、F・W・テーラーの科学的管理法やフォード社のトランスファー・マシンや同期化生産方式による大量生産方式（生産管理技法）を導入したが、その効率的な運用のために、様々の独自の改良を加えることが必要であった。その独自の改良の成果の一つが、トヨタ式生産システムに代表される小ロット大量生産方式であった。トヨタ式生産システムの原理は、フォード・システムと同じ「同期化原理」を基礎として、「必要なものを、必要なときに、必要な量だけ作る」ジャスト・イン・タイム（JIT）と「ニンベンのある『自働化』」である。トヨタ（株）の生産方式が日本的生産システムや「リーン生産方式」として発展した理由は、JITと「自働化」だけではなく、階層的企業間システム、かんばん方式、多能工、改善活動、QCサークル、シングル段取り替え、コンカレント・エンジニアリングなどが重要なサブ・システムとして開発され、それらが一体となって利用されてきたからである。

現代の生産システムは、ハードウェアとソフトウェアの両面から具体的な技術レベルが確定される。技術レベルは、新製品と製造設備の開発・改良・利用能力の水準である。製造設備の技術水準は、七〇年代後半から、

ＭＥ（マイクロ・エレクトロニクス）技術を利用したフレキシブル・オートメーション化によって特徴づけられる。日本のフレキシブル・オートメーションの水準は世界一であるが、それを生産技術（ハード）面から支えているのが工作技術や産業用ロボットである。世界の工作機械生産高と産業用ロボット稼働台数の推移[13]を見れば、日本製造業の国際競争力水準の基礎になっている関係がある程度読み取れる。

(4)　人事・処遇・報酬システム

個々の製品の競争力はオートメーションや情報ネットワーク・システムの技術レベルだけで決まるわけではない。肝心なのは、生産・情報技術システムの稼動率であり、また生産高を労働時間×労働者数で除した労働生産性である。それによって製品のコストが大きく規定されるからである。その稼動率を決める要素が人間労働としての技能であり、その組織であり、さらには管理である。ここに、オートメーションや情報システムといえども人間労働や管理が介在する根拠がある。日本的（あるいは、「日本型」）生産・技術・労働システムがこの点をとらえたものである限り適切な概念である。もちろん、オートメーションや情報システムといえども人間労働や管理が介在するのは、日本的（型）システムに限られるものではない。問題は、「如何に働かせるか」「如何に処遇するか」という基本的な問題であり、人間労働や管理が「如何に介在するか」によって、問題が発生する可能性がある。トヨタ生産システムの二本柱がジャスト・イン・タイム（ＪＩＴ）と「ニンベンのある『自働化』」であることは、適切に機能すれば「強み」であるが、過度に負担をかければ「弱み」に転化する「アキレスの腱」だということである。日本的（型）システムは、高熟練・高生産性と長時間労働・過密労働が微妙なバランスの上に成り立っているからである。長時間労働や過密労働にならない配慮と適正な報酬と処遇がなされない限り、日本的（型）システムの特徴は「強み」から「弱み」に転化する危険性が高いのである。

（「三種の神器」と日本企業の競争力について）「三種の神器」を日本企業の競争力という視点から見れば、賃金は「終身雇用」や「企業別組合」と一体となって、「コスト」以上の機能、つまり「人材投資」の役割を果たしたと言える。その論理は、「総資本付加価値率」[14]の概念で説明されている。賃金の「投資」としての機能は、六〇年代には、政府の「所得倍増政策」、労働組合の「ヨーロッパ並みの賃金」の要求、日経連の「能力主義賃金」（一九六五）の提唱と大企業での普及があり、内需の拡大という形で、ある程度果たされてきた。七〇年代の「減量経営」で「終身雇用」が揺らぎ始め、八〇年代には、「半身雇用」・「能力主義賃金」が一般的に普及し定着した。しかし、一九八五年のプラザ合意による円高と旧社会主義諸国の市場経済への移行により、日本企業はコスト競争力の面で不利な位置に立たされるなか、国内バブル経済崩壊後の平成不況の下で、「年功賃金」と「終身雇用」に代わって「成果主義」の人事・賃金制度を導入する企業が増えた。ところが、二〇〇〇年代後半より「成果主義」に対しても、総額賃金抑制策の行き過ぎという批判が強くなり、見直しを行う企業が増えている。

「成果主義」の人事・賃金制度を導入した企業が賃金をコストの側面だけから見て、人材投資の面から見ることが出来なくなってしまったのであれば、「日本的経営」のプラスの側面が失われたと言わざるを得ない。ロナルド・ドーア氏が「今は亡き『日本型経営』を悼む」[15]という論文を発表したのは、まさにこのことを憂えてのことだった。野村正實氏は次のように指摘する。「これまでの歴史を振り返るならば、日本は年功賃金の下で世界第二の経済大国となった。この事実は、日本の働く人達にとって、年功賃金が納得性のいくものであったということ、そしてそれゆえ、成果をあげたということを示している。」[16]

四　結びに代えて——日本企業の競争力研究の現状と今後の課題——

日本経済は「史上最長の好景気」（二〇〇二年二月〜二〇〇七年一〇月）が続いたとか、個々の企業は史上最高の売上高や利益を達成した（トヨタ自動車は、二〇〇八年三月決算で、売上高が二六兆二八九〇億円で過去最高、営業利益は二兆二七〇〇億円で、八年連続過去最高、純利益は一兆七一七〇億円で過去最高。キヤノンは、二〇〇七年一二月期連結決算で、売上高が前年比七・八％増の四兆四八一三億円、当期利益が七・二％増の四八八三億円で、いずれも過去最高を更新、等々）と報道されたにもかかわらず、日本全体では、企業の競争力強化の過程で発生した多くの問題、すなわち大企業中心の経済・金融政策による経済の二重構造、談合、粉飾決算、欠陥製品・事故隠し、中小企業の倒産・廃業が高水準で持続、非正規雇用が三分の一以上という雇用破壊、働いても生活できない賃金しか得られないワーキング・プアが五〇〇万人以上、その他各種の不当な差別、一二年間連続で自殺者が三万人以上、等々が解決されないままである。つまり、輸出産業の大企業は海外生産（直接投資）を増大させて大きく成長したが、その裏返しで、国内産業の空洞化と国民生活の破壊が深刻である。これで良いのか、企業の競争力を強化する（および、そのための研究を発展させる）ことの意味は何なのか、という根本的な疑問・問題は解決されないどころか、ますます増大するばかりである。日本企業の経営学研究は、かかる根本的な疑問・問題の解明という課題に直面しているのである。

注

（1）M・ポーター著、土岐　坤・中辻萬治他訳『国の競争優位（上）（下）』ダイヤモンド社、一九九二年。IMD (International Institute for Management Development), *IMD World Competitiveness Year Book*, 2009.
（2）岡崎守男「戦後日本の経済成長と資本蓄積のメカニズム」、戦後日本経営研究会編著『戦後日本の企業経営』文眞堂、一九九一年。
（3）小野豊明『日本企業の組織戦略』マネジメント社、一九七九年、六一―一一頁、三二―三七頁。
（4）永池克明『グローバル経営の新潮流とアジア』九州大学出版会、二〇〇八年、五二頁。
（5）加護野忠男・野中郁次郎他『日米企業の経営比較』日本経済新聞社、一九八三年。
（6）通産省産業政策局編『日米の企業行動比較』日本能率協会、一九八九年。
（7）林　正樹『日本的経営の進化』税務経理協会、一九九八年、第三章。
（8）M・ポーター・竹内弘高『日本の競争戦略』ダイヤモンド社、二〇〇〇年、一二六頁。

（9）浅羽　茂『日本企業の競争原理』東洋経済新報社、二〇〇二年。

（10）『通商白書』（一九九五年版）、一八四頁。

（11）手島茂樹「日本企業の海外事業展開が日本企業の国際競争力に及ぼす影響及び今後の課題：新しいイノベーションの視点」『季刊　国際貿易と投資』春号、二〇一一年、六四頁。

（12）木嶋　豊・昌子祐輔・竹森祐樹『日本製造業復活の戦略―メイド・イン・チャイナとの競争と共存―』JETRO、二〇〇三年、二八頁。

（13）林　正樹「日本企業の競争力研究」中央大学商学研究会『商学論纂』第五一巻、第三・四号、二〇一〇年、一四九―一五一頁。

（14）藻利重隆『経営学の基礎』森山書店、一九七三年、第一六章。

（15）ロナルド・ドーア「いまは亡き『日本型資本主義』を悼む」『エコノミスト』一月一日・八日号、毎日新聞社、二〇〇八年。

（16）野村正實「成果主義と年功賃金」二〇〇三年。http://www.econ.tohoku.ac.jp/~nomura/nenkowage.pdf

六　グローバル時代における経営学批判原理の複合

――「断絶の時代」を超えて――

高橋公夫

一　はじめに

私に与えられた課題は、「グローバル時代の経済危機と現代経営学――批判精神を失った経営学――」であったが、ある歴史観に基づいて「グローバル時代における経営学批判原理の複合」という問題提起を試みたい。その歴史観とは、ドラッカーの「断絶の時代」を手がかりとして考察される。著書『断絶の時代』[1]の出版は一九六八年であり、ドラッカーは一九六〇年代から七〇年代にかけての時期を画期として「断絶の時代」に入ったというのである。ところが、その後に現われたフランスのレギュラシオン学派は、ドラッカーに説き及ぶところがないにもかかわらず、ドラッカーの前期の歴史観と『断絶』以後の時代認識を結び付けているのであった。つまり、大量生産と大量消費の循環をケインズの財政政策が後押しするという「フォーディズム」の時代が終焉をむかえ、新しい時代「ポスト・フォーディズム」がやってきているが、はっきりとはその姿を現わしてはいないというのである。これはまさにドラッカーの主張と軌を一にする。ドラッカー研究の先覚者、藻利重隆は『現代の経営』

までのドラッカー前期の思想を「ネオ・フォーディズム」と呼んだが、レギュラシオン学派の人々も二十世紀初頭からとくに戦後の経済体制を「フォーディズム」と呼んでいる。経営学と経済学のアプローチの違いあるいは立場の違いからか、内容的に完全に重なり合うというわけではないが、『断絶の時代』の見方とレギュラシオン学派の歴史観とは照応しているといえる。(2)

さて、「断絶の時代」すなわち危機の時代であるが、今日のグローバル時代における経済危機をこの歴史観はどのように位置づけるであろうか。まず、昨年京都大学で開催された経営哲学学会の「統一論題2　経済危機と経営哲学」における厚東偉介と渡部直樹の報告(3)を手がかりとして、改めて問題設定を試みることにする。その上で、今回の経済危機が照らし出す「断絶の時代」の相貌を、一九八〇年代より台頭してくる新自由主義の意義を中心として検討する。そして、この間に展開された経営学の動向を批判精神の志向性において議論する。

二　経済危機をどう見るか

厚東緯介報告と渡部直樹報告は新自由主義をめぐって対極的な見方を示している。厚東が新自由主義を経済危機の原因の一つと考え、アメリカ流の市場経済を世界に押し付けてきた結果として、世界の多様で多元的な価値観を否定していると批判する。それに対して、渡部は今回の経済危機にもかかわらず、新自由主義の考え方の中心にある市場の試行錯誤を含む自生的な進化を信じていて、市場ルールのピースミールな修正・変更が必要であるとする。そして、市場のような「自生的秩序」の漸進的進化の対極にある「全体論的な設計主義者」による計画化は「意図せざる結果が存在するため、きわめて危険である」と考える。

はたしていずれの見方がより妥当なのであろうか。言うまでもなくリーマン・ショックの二〇〇八年の秋以降の事態からして、厚東は攻勢であり、渡部は守勢である。かつては熱烈な支持を得た「構造改革論」の思想的支柱であった新自由主義的イデオロギーは、ここに一応の終焉を迎えたのである。構造改革論の旗振り役の一人でもあった中谷巌は、リーマン・ショックの直後に「転向」を表明するにいたっている。しかし、これによって新自由主義が台頭し凋落した意義や位置づけが明確になったというわけではない。

三　新自由主義台頭の意義――断絶の時代――

「ミネルヴァの梟は宵闇に飛び立つ」という言葉があるが、新自由主義的な経済学や経済政策もまた、それが凋落してはじめてその全貌と意義がまともに検討されることになる。ささやかではあるが、一つの考え方を提示したい。焦点は一九六〇年代末から一九七〇年代にかけての非連続、つまり「断絶」にある。それはドラッカーのいう「産業社会」の断絶であり、レギュラシオン理論にいう「フォーディズム」の終焉である（表1）。

1　「フォーディズム」の終焉と新自由主義の台頭

ドラッカーの「断絶の時代」観にレギュラシオン理論の歴史観を重ね合わせることによって、一九六〇年代・七〇年代の非連続の意義が明らかになる。ドラッカーは『産業人の未来』において、十九世紀の「商業社会」から二十世紀の「産業社会」へと経済社会が転換したことを明らかにし、『新しい社会と新しい経営』(4)で「産業社会」がフォード・システムに代表される大量生産・大量消費の体制であり、それは組織と管理による社会であることを明らかにした。そして彼は、この二十世紀に入ってからの産業社会の時代が二十一世紀を待たずに終焉し、いまや再び新しい社会が兆しつつある、と『断絶の時代』で主張した。「断絶」の内容とは、古い産業の陳腐化と起業家による新しい産業・技術の出現、国際経済からグローバル経済への移行、多元的な組織社会の出現と政府へ

表１　ドラッカーとレギュラシオン理論の時代認識・歴史観

時　　　期	19世紀 （自由主義）	20世紀 （1960年代まで）	1970年代より （新自由主義）	21世紀前半 （本論の見解）
ドラッカー	商業社会	産業社会	断絶の時代	断絶の時代を超えて
レギュラシオン学派	イギリス型発展様式	フォーディズム型発展様式	ポスト・フォーディズム	グローバル・フォーディズム
経営学（批判）原理	市場（資本）	組織（官僚制）	市場（資本）	市場と組織（官僚制と資本）の複合

の幻滅、そして知識経済化と教育革命という四つの非連続を指摘し、これらの未来に向けて人々が対応することを求めたのである。ここに環境問題への対応が加われば、今日流布されている主要な課題のほとんどといっていいであろう。特に政府への幻滅と「再民間化」つまり「民営化」への議論は、サッチャーらの新自由主義的政策を先取りするものであったし、経営学の動向からいっても、起業家論、グローバル経営論、非営利組織論、経営教育論といった分野は、その後盛んに議論されることとなったのである。

それに対してレギュラシオン理論の歴史観とは、十九世紀の資本主義は「外延的蓄積体制」と「競争的調整様式」による「イギリス型発展様式」であったが、その後過渡的な戦間期をへて、第二次大戦後は「内包的蓄積体制」と「独占的調整様式」による「フォーディズム型発展様式」が確立したというのである。フォードは、大量生産による低価格車を高賃金の自社従業員が自ら購入できるようにすることによって、新たな需要を喚起し、規模の経済を実現して、さらに低価格を実現するという好循環を一社レベルでシステム化しようとした。それにならってニューディール以降、本格的には戦後において、フォード・システムによる大量生産とケインズ政策による有効需要の創出によって、同様の大量生産と大量消費の好循環の体制つまり「フォーディズム」の体制を一国レベルで作り出してきたというのである。そして、この戦後フォーディズムの体制が、一九七〇年代に行き詰まりをみせ、新たなポスト・フォーディズムへの模索がなされたという。つまり、ドラッカーの十九世紀の商業社会から二十世紀の産業社会へという歴史観と、レギュラシオン学派の十九世紀の「イギリス型発展様式」から二十世紀の「フォーディズム型発展様式」へという歴史観が照応するとともに、二十世紀の産業社会あるいは資本主義をいずれもフォード的大量生産体制あるいは「フォーディズム」として特徴付け、それが一九七〇年頃を境に行詰り、新たな体制が模索されつつある、という同様の見方に立っているといえる。

ところがドラッカーが四つの断絶から未来を展望したのに対して、レギュラシオン学派がポスト・フォーディズムとして期待をかけたのが、北欧やドイツなどの「公正」にすぐれた社民型（ボルボイズム）、「効率」にすぐれた日本の企業主義型（トヨティズム）、フランスやイタリアなどの中間的なハイブリッド型などであったが、いずれのシステムも結局はアメリカやイギリスの新自由主義による「ネオ・フォーディズム」型に主流の座を譲った。ネオ・フォーディズムというのは、フォードの約束のうち「低価格」については商品市場での競争において追求されるが、「高賃金」あるいは従業員福祉に関しては何も約束することはなく、むしろ労働市場の競争にさらすというものであった。いずれにしろ、市場の論理による産業の再生あるいは転換を図るというものであった。ここに「レギュラシオン学派の予測ないし期待は外れたのである」(5)（山田鋭夫）。

なにゆえに、レギュラシオン学派はポスト・フォーディズムの展望を誤ったのであろうか。おそらく、二つの要因が考えられよう。社民的な北欧型が主流となりえなかったのは、ドラッカーが言っているような政府や官僚制への幻滅があったからであろう。また、日本型の企業主義が採用されなかったのは、脱製造業、情報化、なかんずく金融化、グローバル化といった産業構造の変化に日本的雇用システムでは対応できないと考えられたからであろう。いずれにしろ、マルクス主義の余韻を残したレギュラシオン学派は、フォーディズムの機能不全は資本の論理の行き詰まりであると考え、それに代わるものは労働者の主権の獲得、つまり「勤労者民主制」であろうと予断したことにあるといえる。

そこで次に、英米型の新自由主義的経済体制が世界標準と考えられるようになったのはなぜか、という背景について考えてみたい。

2　国際金融体制の変質と投機的金融、株主価値経営

新自由主義のイデオロギーに導かれた英米型資本主義とは、金融主導の資本主義であった。したがって、そのような資本主義がどうしてできたのかを考えなければならない。この場合にも、その転機は一九七〇年代に求められなければならない。つまり、一九七一年の金ドル兌換停止のニクソン・ショックと一九七三年の為替の変動相場制への移行である。これにより旧ＩＭＦ体制（ブレトンウッズ体制）は崩壊し、アメリカは金の裏づけを持つことなく基軸通貨としてのドルの散布を財政赤字、経常赤字にかかわらずできるようになり、これがグローバルな金余りと「実体経済から独立した投機的金融活動」（井村喜代子）あるいは「資本の第四形態」（三戸　公）を誘発したのである。この最後の投機的活動は高度な証券化技術、金融工学によりリスクを「分散・解消」したとされながら、サブプライム・ローンの焦げ付きにより一挙にそのリスクは顕在化したのであった。

他方、実体経済面においても、新自由主義の競争的市場至上主義によってさまざまな規制緩和が行われた。また特に企業金融面において、大株主となった年金基金やヘッジファンドをはじめとするさまざまなファンドは、さらに大きな配当を要求するとともに、売却不能となった株式投資から、よりハイリスク・ハイリターンで機動的な金融デリバティブ投資へと軸足を移していった。ファンドから短期的な収益性を求められた企業経営者は、バーリ・ミーンズ以来一般に認められていた専門経営者スタイルを放棄し、株主価値増大の経営スタイルを追求するようになっていった。そして、そのイデオロギーとして専門経営者支配の正当性への疑問と株主主権的企業統治論が展開されるにいたった。それに対して、バーリ・ミーンズ以来の議論からはステーク・ホルダーによる企業統治論が対置されたが、発端は株主利益擁護の議論であったといえる。

3　新自由主義の「致命的な思いあがり」

さて、戦後フォーディズムの行詰りと新たな産業体制の模索、およびアメリカ主導の新たなドル機軸の国際金融体制の構築により、戦後資本主義は変質を余儀なくされた。新たな資本主義は、それまでの国家財政によって需要を調整したり福祉を推し進めたりするケインズ政策から、市場の自由化、民営化、小さな政府を標榜する新自由主義となった。政治的にはサッチャー、レーガン政権によって市場原理主義的経済政策が推進されたが、その底流には六〇年代後半からの思潮における変化があった。たとえば『断絶の時代』の前年一九六七年に、ガルブレイスは『新しい産業国家』でテクノストラクチャーが計画・支配する大企業体制について語っていたが、その一〇年後の一九七七年にはケインズ政策はインフレあるいはスタグフレーションを処理できないがゆえにもはや頼りにならず、『不確実性の時代』がやってきたと主張した。そしてその三年後、フリードマンの『選択の自由』がベストセラーとなり、一躍新自由主義的な考え方が一般に流布したのである。

しかしながら、新自由主義が世界的な政策となったのは、アメリカに主導されたＩＭＦや世界銀行というブレトンウッズ体制で成立した国際機関のエコノミストたちが、一九八〇年代に当初のケインズ主義から新自由主義、市場主義に転向したからであった。特に新生ＩＭＦは、経済発展あるいは経済救済のための融資条件として、市場の自由化、規制の緩和、財政の健全化などを各国の事情を考慮せずに半ば強制的に履行を迫った。これらの国際機関はいずれもワシントンにあり、アメリカ政府がそれらに大きな影響を及ぼしていたことなどから「ワシントン・コンセンサス」(6)ともいわれている。まさに、これらが新自由主義の政策とイデオロギーを世界に普及させるミッションの最も強力な担い手であった。それはちょうど、国際共産主義運動がマルクス主義を世界に普及させることが自由と平和と豊かさのためであると思い定めていたのと類似している。新自由主義の理論的後ろ盾であるハイエクは、共産主義の全知全能を前提とする計画的・集権的な「設計主義的」経済運営を「致命的思いあがり」と考えたが、ワシントン・コンセンサスは「自生的秩序」とされる自由市場を計画的・集権的に世界に指令していく「設計主義」であり、「致命的思いあがり」であったといえないこともない。アイザイア・バーリンは、自由には個人の選択の自由を確保するという消極的自由と、何事かを主体的に遂行するという積極的自由があるといっているが、新自由主義の自由とは、消極的自由の確保を前提として、それをグローバルに普及していこうとする積極的自由でもあるといえる。消極的自由の積極的押し付けであり、市場という「自生的秩序」の設計であり計画である。自己矛盾、自己否定といわなければならない。どこかで、新自由主義を台頭させた議論が転倒したのである。(7)

四　経営学批判原理の複合——官僚制と資本——

新自由主義の台頭は一九六〇年代後半から七〇年代にかけての戦後資本主義の変質あるいは「断絶」を反映したものであった。すなわち、大量生産と大量消費を財政政策で後押しするケインズ政策的好循環、すなわち「フォーディズム」がスタグフレーションによって行詰ったこと、そのため革新などを可能にするサプライサイドが重視され資本の競争力が試されたこと、またブレトンウッズ体制がニクソン・ショックと変動相場制への移行によって解体し、金という制約のまったくないドル基軸体制となって財政赤字、経常赤字にかかわらずドル散布を続けたこと、などによって市場原理主義的な金融主導の資本主義が成立したのであった。

さて、こうした新自由主義へといたる思潮における経営学批判の特質は、何といっても企業組織の官僚制化への批判とそこでの目的合理的な「設計主義」に対する批判に集約される。また、新自由主義からの経営学への影響としては、自生的な自由市場、競争、規制緩和、起業、金融化・証券化、民営化、小さな政府、などの主張そのものといえるが、とくに官僚化した専門経営者支配による企業統治への疑問と株主価値経営の推奨、市場の論理を組織へ適用しようという「内部組織の経済学」、揺らぎやあいまいさを強調する管理論、あるいは市場の論理を行政にも適用するニュー・パブリック・マネジメントや非営利・非政府の事業体の経営論などであろう。

1　新自由主義の官僚制批判——設計主義批判——

新自由主義とくにハイエクの設計主義批判は、全体主義や社会主義の計画経済への批判として展開されたものであるが、最も強力な組織の官僚制批判であるといえる。つまり集権的計画経済のように、誰か知識や情報と権威を持つ者が、包括的に最も合理的な計画を設計し、それに従って組織し実行を指令するならば、理想的な社会運営、組織運営が可能となるというシナリオは不可能であり、かえって発展を担う個人の自由を奪うであろう。したがって、それは「隷属への道」であるというのである。たとえば、集権的計画当局が利用できる知識というものは、既知の専門的な科学的知識と集計された統計的知識、そして偶然にも収集された特殊事情などからなるが、それでは機動的に必要となる決定的な「時と場所の特殊状況についての知識」は得られないのである。そうした統計的には捨象された社会に埋もれた知識や明示的でない暗黙知などは、設計された「計画化」によっては活用することができないのであり、そうした知識を活用するためには、人々の活動の結果として自生的に生み出された慣習や掟などの一般的なルールに従って事を処する以外にはないのである。かかるルールの進化において、最も大きく複雑な社会を現実的に調整する制度として市場という交換ルールの場が生み出されたと考える。

それに対して官僚制組織とは、構想あるいは計画と実行の分離、言い換えれば事務所と現場の分離と、専門化と階層化による命令伝達経路の構築からなるが、その運営は計画、組織、命令、調整、統制の管理過程を経て行われる。このテイラーとファヨールによって開発されたシステムは、一九五〇年代のアメリカにおいて専門経営者支配とともに最も一般的な管理制度となった。ファヨールは「計画」ではなく「予測」と表現し、(8) 必ずしも設計主義的な発想ではなかったが、その後の設計主義的な管理過程論の最初の修正は、ホーソン実験による自生的なインフォーマル・グループの発見と社会学者による「逆機能」の指摘であったが、それはフォーマルな官僚制運営の補足でしかなかった。しかし、官僚制組織の管理過程論的な運営に本格的な疑問が提起されたのは、クーンツの論文“The Management Theory Jungle”を契機として行われたシンポジウム（一九六二）においてであった。ここでクーンツは統一理論を求めたが、サイモンの管理原則論批判を始めとして、さらに多様なアプローチと動態的な管理の追求が続いた。そうしたなか、ウェーバーの官僚制論の問題提起が予言的なものとして持ち出されるとともに、組織は設計されるものではなく自生的に生成するものであり、管理とはかかる組織の環境適応を計る機能であるとするバーナードの理論が注目されるようになった。しかし、抽象的な組織の一般理論では物足りない実証的な研究者たちは、技術をはじめさまざまな条件や環境の違いと組織との適合性を求めるコンティンジェンシー理論へと向かったが、適合性の研究はきりがないので理論的には発展性がなかった。[9]むしろ環境への適合性ではなく、逆に環境とくに市場環境を切り開いていく理論としての経営戦略論が盛んに論じられるようになった。また、市場の論理を組織に適用して論じるいわゆる「内部組織の経済学」が展開され、組織論・管理論の経済学化、市場モデル化が進むことになった。[10]

他方、専門経営者支配の設計主義的理解はガルブレイスの「テクノストラクチャー」論に極まるが、フォーディズム的資本主義の行詰りは官僚化した経営者支配の業績に反映し、その批判はコーポレート・ガバナンス論として大きく取り上げられることとなった。コーポレート・ガバナンス論の底流には、バーリ・ミーンズ以来の専門経営者支配に対する正当性への疑問があった。また、年金基金や投資信託あるいはヘッジ・ファンドのような大株主が現われ、それらの運用マネジャーは投資実績によって常時評価されることから短期的収益性に貪欲であり、株主権行使に積極的となり、投資先企業に対して株主価値経営を求めるようになった。かつてドラッカーは年金基金の究極の所有者である従業員や労働者の主権が年金基金という民間機関を通じて実現することになるので「年金基金社会主義」と呼ぶことができるといったが、現実は「投機家資本主義」になってしまったと失望を隠していない。(11) ロバート・ライシュは『暴走する資本主義』において、市場の価格競争により消費者が利益を得、また株主価値経営により株主が利益を得るが、従業員、労働者は賃金切り下げと容赦ない首切りによって、景気が回復してもジョブレス・リカバリーで何ら利益がないとしている。しかも、それら同じ労働者が消費者であるとともに、年金基金を通じて株主でもあるというように、利益相反となっているのである。これはフォーディズムの労働者と消費者という二つの役割の好循環とは大いに異なるところであり、市民の人格的分裂となっている。

このように経営管理においても、コーポレート・ガバナンスにおいても、ポスト・フォーディズムの状況下において、官僚制批判は次第に市場主義的な新自由主義に親和的な理論を作り出していったのである。

2　市場原理主義とマルクス主義の凋落——資本の跋扈——

危機を迎えた今日の資本主義から、その主導的なイデオロギーであった新自由主義を批判することはたやすい。しかし、なぜそうした新自由主義が台頭してきたのかに関して、経営学史の立場から思考をめぐらす者は多くはない。ここではその底流として、ハイエクが「設計主義」と呼ぶ計画的組織運営システムの失敗、いいかえれば「政府の失敗」であるが、いずれにしろ行政官僚制であれ産業における官僚制であれ、そうした官僚制的組織への批判があったことを指摘した。そして、経営学はマネジメント・セオリー・ジャングル以来、設計主義的な官僚制組織の管理過程論に代わる機能的で動態的、そして創造的な組織論・管理論を求めてきたのである。そしてたどり着いた立場が、組織の活性化のために市場の論理、競争の論理を導入するということであった。

象徴的なのがウィリアムソンの『市場と企業組織（*Markets and Hierarchies*）』（一九七五）であり、ドーリンジャー・ピオレの『内部労働市場とマンパワー分析』（一九七一）であろう。それらを先駆的に紹介したのが今井賢一・伊丹敬之・小池和男の『内部組織の経済学』であり、比較制度論によって日本の企業を分析したのが青木昌彦であった。これらの人々は普遍的な新制度論的経済学によって日本の特殊性を分析しようとした。だから市場原理主義とは一線を画しながら、日本的経営や日本的経済の経済的効率性や妥当性を擁護した。しかし彼らは、文化的特殊性からの説明を否定して、あくまでも普遍的な経済学的考察で十分とした。だから、日本の経済や経営が必ずしも経済的、効率的でないとなれば、日本的特性など最初からなかったもの「神話」とされるのであった。

さて、新制度論の日本的経営擁護にもかかわらず、事態は市場原理主義へと傾いていった。当初は健全で妥当な批判であった官僚制批判は、その代替としての市場の論理の万能視によって市場原理主義となった。どの時点からそのような転化がなされたのか、世界的にはサッチャー、レーガン政権樹立とかソ連の崩壊が転機と考えられるが、日本においては一九九六年の橋本首相による日本版金融ビッグバンあたりからであろうか、その流れはいずれ国民的支持を得た小泉構造改革路線につながっていく。しかしわが国においては、一九八〇年代にアメリカからの要請で金融自由化を進めていった結果として一九九〇年にバブルがはじけ、宮崎義一はそれを「金融の自由化の帰結としての複合不況」であったと診断していた。まさに、今日の世界的な「新しい不況」をすでに経験し、分析もされていたのであった。にもかかわらず、なにゆえに市場原理主義を真っ向から批判し押し返す言論や勢力が現われなかったのであろうか。

第一にあげなければならないのがマルクス主義であろう。しかし周知のようにソ連の解体以来、この学派は後退を余儀なくされている。ここでは、ハイエクの議論との関連で、一つだけ指摘しておきたい。それは市場をあくまでも自生的な秩序と考え、一切の介入を拒否するならば、資本の跋扈を招き、今回のようなパニックを生起するばかりでなく、実体経済面では地球の資源と環境のすべてを食い尽くすということである。市場における商品と貨幣の取引の累積はいずれ一般的等価物である貨幣の資本への転化を来たし、資本の自己増殖を生み出し、労働者を搾取する。労働立法がなかったとするなら、おそらく労働者層は窮乏化し続け、革命は起こるであろう。かかる資本はさらに市場における熾烈な競争に打ち勝つと、次第にそれ自体が独占体へと転化する。独占は自生的な市場から生まれたものであるとしても、それ自体はすでに意識的計画的に市場をコントロールするという設計主義を内包しており、経営学はこの時点で必然的な学問となる。さらに巨大化する独占体の生産力は過剰供給を来たし、いずれ恐慌へといたる。ケインズはそれを財政出動による有効需要の創出によってマイルドな解決を図った。しかしケインズ政策がなければ恐慌となる。しかし恐慌という一種の調整作用により、古い独占は整理されて新たな担い手が現われる。それはまた長期循環性の新しい技術や産業が独占の外から生まれ出て、新たな企業の台頭により再び競争状況が生まれることをも意味する。こうして産業は高度化していき、先進国では次第に製造業から流通サービス業、そして金融業が主導的な産業分野となっていく。そして今や、実体経済から遊離した投機的な金融派生的取引がメインステージとなった。これが今回、破綻を来たしたわけである。また同時に、市場は先進国から新興国や途上国へと地理的にも拡大していくから、既存産業はこれらの国々に移転していき、こうして地球の資源や環境への負荷はどんどん拡大して計り知れないものとなる。まさにグローバルな経済はこうして物理的にも限界に達するのであり、さらに進めば人類の破滅となるであろう。

以上で示したことは、市場の自生的な発展とは資本の自己増殖の過程であり、意識的な調整がなされなければ自己矛盾は破綻にいたるということであり、ピースミールな一般的なルールの修正では不十分であり、どこかで抜本的な介入が必要になるということである。それは程度の問題と言えないこともないが、要するに市場の健全な自生的発展のためには意識的な調整過程が必要とされるということである。したがって、ハイエクのように設計主義と自生的システムとは二者択一ではなく、両方とも必要であるということである。いいかえれば、設計主義的な官僚制批判からは自生的な市場システムを必要とし、自生的な自由市場における資本への批判からは意図的・設計主義的な規制機関が必要とされるということである。現代経営批判、現代経営学批判は、設計主義的な官僚制批判と市場や資本という自己増殖的な自生的システム批判からなる複合的な批判となるのである。

五　むすび――グローバル時代の経営学批判――

わが国には、マルクス経済学を独自の経営学として換骨奪胎したユニークな「個別資本説」または「批判経営学」とも称せられる理論があった。グローバル時代あるいは断絶の時代において、経営および経営学が批判精神を失ったとすれば、それは斯学の凋落と無関係ではない。特に、ソ連などの社会主義国の崩壊は決定的なダメージを与えた。しかし、『資本論』は資本主義の分析であるから、社会主義が崩壊しても資本主義が存続する限りは有効性が失われるということはない。それどころか、市場原理主義が流布すればするほど、資本の観点からの批判は必要とされたであろう。にもかかわらず、この学派からの画期的な批判は聞かれることがなかった。

他方、一九五〇年代・六〇年代から一貫して経営学の底流を流れていた官僚制批判は、次第に市場原理主義的な理論に代替していった。しかも、ハイエクやポッパーらの仮想敵であった社会主義が崩壊したにもかかわらず、さらに市場原理主義は無批判に突出して自らが否定されるべき設計主義的なミッションとなって、一面的なグローバリゼーションを推進していった。どちらも、本来の批判精神を失っていたということができる。

さて、われわれはグローバル時代における経済危機としてのリーマン・ショックによって、「新自由主義」あるいは「市場原理主義」は流行のイデオロギーであり、過渡的な経済政策であったということがわかった。私は、新自由主義はドラッカーのいわゆる「断絶」あるいはレギュラシオン理論の「ポスト・フォーディズム」の状況から生起したものであると考える。一九七〇年頃の資本主義の行き詰まりは、企業と政府の組織における官僚制化が一つの原因として考えられた。したがって、資本主義の再活性化は官僚制批判と市場メカニズムの活用にかかっていると見られた。それらは、マックス・ウェーバーとフリードリッヒ・ハイエクによって原理的には理論化されていた。そして、市場によって官僚制組織を分析するウィリアムソンらの組織の制度的経済学が現われ、経営管理論に適用されるようになった。他方で、資本に対する規制緩和は投機的経済や格差社会のようなさまざまな弊害を導き、ついにリーマン・ショックが引き起こされた。

したがって、経営管理の批判的原理としての官僚制とともに、資本の批判的論理もまた必要とされるのである。しかし、これらの原理を統合した見方を見出すことは容易ではない。[12] だから、われわれはこれらの原理を弁証法的に複合した現実として、実際の経営事例において具体的に対処していかなければならない。そして、グローバルな環境保全と分かち合いを前提として、自生的に変動する市場における生産と消費の好循環を作り出し、意識的に調整していくいわば「グローバル・フォーディズム」[13]によって、「断絶の時代」あるいは「ポスト・フォーディズム」を乗り越えていかなければならないと考える。

注

（1）Drucker, Peter F., *The Age of Discontinuity*, Harper & Row Publishers Inc., 1968.（林雄二郎訳『断絶の時代』ダイヤモンド社、一九六九年。上田惇生訳、ダイヤモンド社、一九九九年、二〇〇七年。）

（2）「ドラッカーとレギュラシオン理論」については、同様の項目を立てて次の論文で論じている。拙稿「非営利組織のミッション経営―島田恒『非営利組織研究―その本質と管理―』をめぐって―」『龍谷大学経営学論集』第四十四巻第二号、二〇〇四年、八月。

（3）厚東偉介「経済危機と経営哲学」および渡部直樹「経済危機をどう見るのか？　―ジョージ・ソロス、ハイエク、ポッパーの観点から―」（経営哲学学会編『二〇〇九年度　第二十六回全国大会―報告要旨集―』京都大学）。

（4）本書 *New Sciety*（現代経営研究会訳『新しい社会と新しい経営』ダイヤモンド社、一九五七年。）は、ドラッカーの著作で最も「ネオ・フォーディズム」というにふさわしいものであるが、一連の新訳を出している上田惇生はなぜか本書だけは取り上げていない。『ドラッカー名言集』（ダイヤモンド社、二〇一〇年）では、文献リストにものせていない。なぜであろう。

（5）山田鋭夫『さまざまな資本主義―比較資本主義分析―』藤原書店、二〇〇八年、八五頁。

（6）「ワシントン・コンセンサス」に関しては、世界銀行上級副総裁兼チーフ・エコノミストを経験したスティグリッツ（Stiglitz, Joseph E.）がその内幕を暴露している。たとえば、*Globalization and its discontents*, W. W. Norton & Co. Inc., 2002.（鈴木主税訳『世界を不幸にしたグローバリズムの正体』徳間書店、二〇〇二年。）

（7）かかる新自由主義の「転倒」については、ハイエク研究で世に出たジョン・グレイ（Gray, John）の議論からの示唆によるところが大きい。*False Dawn*, Granta Publications, 1998.（石塚雅彦訳『グローバリズムという妄想』日本経済新聞社、一九九九年。）

（8）翻訳者の佐々木恒男は原文の通り「予測」と訳しているが、山本安次郎は「計画」と訳している。山本は、訳者注で「内容に即して計画と読むことにした」とし、英訳、独訳も同様だと断っている。Fayol, H., *Administration industrielle et générale*, 1925.（佐々木恒男訳『産業ならびに一般の管理』未来社、一九七二年、七七頁。山本安次郎訳、ダイヤモンド社、一九八五年、七一頁。）しかし、内容として「計画」と呼んで差し支えないものならば、なぜファヨールはわざわざ「予測」と書いたのであろうか。おそらく、ここにはエピゴーネン（プロセス・スクール）の理解を超えた、元祖の意図する現実があったのであろう。

（9）コンティンジェンシー理論の限界については、次のものに簡単な言及がある。拙稿「ウッドワード」『はじめて学ぶ経営学―人物との対話―』ミネルヴァ書房、二〇〇七年。

（10）ウィリアムソンの「組織の経済学」については、バーナードの「組織経済」との対比において批判的に検討したことがある。拙稿「組織の『経済』的分析について―バーナードとウィリアムソン―」（日本経営学会編『経営論集60』千倉書房、一九九〇年。）また、新自由主義の管理論への影響については、以下で若干の批判を加えた。拙稿「マズロー」「リッカート」『はじめて学ぶ経営学―人物との対話―』ミネルヴァ書房、二〇〇七年。

（11）Drucker, Peter F., *Managing for the Future*, Truman Talley Books Dutton, 1992.（上田惇生・佐々木美智男・田代正美訳「会社の統治」「資本主義の危機」『未来企業』ダイヤモンド社、一九九二年。）ドラッカーの「年金基金社会主義」の問題提起は、無意味になったわけではない。たとえば、レギュラシオン学派のアグリエッタ（Aglietta, Michel）は同様の期待をしているし、市民株主が「新資本家」として社会を変えるという主張（Davis, Stephan, Jon Lukomnik, and David Pitt-Watson）もある。

（12）若干の試みとして「経営学批判原理の複合モデル―個別資本と組織の包摂関係―」をレジュメの「補論」として提出したが、報告にはいたらなかった。

（13）私の思考においては、「グローバル・フォーディズム」はそれまでの議論から自ずと浮かんできたものであったが、宮崎義一の「グローバル・ケインズ主義」といえるような考え方は示唆的であった。さらに検討したい。

七　危機の時代と経営学の再展開
——現代経営学の課題——

片岡信之

一　本報告の課題と考察対象の限定

今回の統一論題テーマは「危機の時代の経営および経営学」である。ここに込められたプログラム設定者の意図は何であろうか。

過去の資本主義経済の歴史のなかで、大きな経済危機・曲がり角に直面した企業と経営学は、その都度大状況に対応し、議論の焦点を変えて適応し、そのことによって、指導理論としてリードする役割を果たしてきた。そしていま、金融危機・経済危機、地球環境・地球資源問題、人口問題、南北問題を初めとする人類史的転換期にあるなかで、企業経営と経営学に求められる方向性と課題は何かを、過去の学史に学びながら探るというところに狙いがあると報告者は受け止めている。

第二次大戦後の世界は、大枠として東西冷戦—平和共存に象徴される資本主義圏VS社会主義圏の対立・併存、両者間の断絶が基本的特徴であった。資本主義圏では、三〇年代の大恐慌を脱して社会主義に対抗するものとして、ケインズ主義経済政策が基調であった。市場が必ずしも自己調整機能を持たないという認識のもとに政府の金融財政政策により需要管理を行うこと、積極的財政政策がもたらす福祉国家的方向性が特徴であった。

このケインジアンのマクロ経済政策は、しかしながら、一九七〇年代の二度のオイルショックを経て有効性が揺らぎ、八〇年代から、新しい古典派経済学があらわれる。イギリスのサッチャー、アメリカのレーガン両政権による新保守主義、新自由主義経済政策は、ケインジアン政策と決別して、規制緩和・市場原理主義による経済政策に大きく転換したものであり、経済・経営思想も大きく潮流が変わった。他方、社会主義世界体制のほうは、一九八九年の東欧革命・九一年のソ連自壊で再資本主義化の道を辿る。社会主義にとどまった中国やベトナムでは、一党支配を維持しながらの「社会主義市場経済化」（事実上の資本主義化）するとともに、国際経済と直結する開放経済体制に入る。こうしたなかで米欧日での市場原理への自信と崇拝は高まっていった。

二つの敵対的経済圏から単一世界市場への転換、グローバルな大競争、コスト優位と有望な投資先確保のための開発途上国投資、途上国の中進国化（NIEs, BRICs, VISTA, NEXT 11 等々）、企業内国際分業の進展とグローバル企業化、金融国際化とグローバルな資本移動等々、グローバル化をキーワードにした諸現象が浮上する。

このように見てくると、一九八〇年代以後の世界は、それまでの政治・経済枠組の行き詰まりの上に立って、新たな段階に入ったとすることが出来る。そして、しかしながらこの新段階も、国際的金融危機を契機に再び見直しを迫られており、市場原理主義からの軌道修正が進行し始めた。本報告の課題は、新自由主義の盛んだった過去三〇年間と、その挫折後に出て現在進行中の新たな胎動の中での経営学の推移を、関連づけながら概観していくことであると受け止めておく。

二　新自由主義政策への移行と経営学の変化

第二次大戦後は、アメリカが世界のリーダー大国として存在感を示した時期であり、経営学でもアメリカの経営学が世界諸国に大きな影響力を与えた。六〇年代頃までには、概ね組織論学派、人間関係&行動科学学派、社会システム学派、マネジリアル・エコノミックス学派、管理会計学派、経営科学学派等々として言及される諸研究があった。それらは楽観的トーンが基調であり、七〇年代以後の時期のような緊張感は総じてない。日本の経営学は、アメリカのこれらの諸学問を学び・吸収し・紹介普及させるということに中心があった。それは実務の世界でのアメリカ依存・吸収による近代化成長路線と対応した動きであった。

John Kenneth Galbraith, *The Affluent Society* (1958) や Daniel Bell, *The End of Ideology* (1960) に象徴される五〇年代までの楽観は、六〇年代になると公民権運動、ベトナム反戦運動、女性権運動、カウンター・カルチャー、犯罪率の上昇、麻薬使用の増加といった政治・文化問題に加えて、環境保護運動、消費者運動、ベトナム景気後の低迷、インフレの波におそわれる。七〇年代の二度に亘るオイルショックを経て、アメリカを含む世界全体はインフレと高失業率、低成長へと環境激変時代に入る。大きな政府への反省、リベラリズム終焉の議論と保守主義の台頭、目まぐるしく変わる経営環境への対応、地球環境問題、地球資源問題、ITを中心とする技術革新を意識した議論が登場する。その意味では、八〇年代の「危機の時代」の前哨戦は、六〇―七〇年代に淵源があったと言って良い。この時期に出た **Peter F. Drucker**, *The age of discontinuity: guidelines to our changing society* (1969) は、群発地震のような激動が社会を襲い始めたとし、グローバル化、組織社会の到来、情報化社会の到来、知識労働者時代、教育革命、民営化など、時代変化の予兆を見事に捉えていた。

こうした中、組織と環境の関係を捉えようとするPaul R. Lawrence and Jay W. Lorsch, *Organization and environment : managing differentiation and integration*（1967）、Fremont E. Kast and James E. Rosenzweig, *Contingency views of organization and management* (1973)、Gary Dessle, *Organization and management: a contingency approach* (1976) など、いわゆるContingency Theoryの一連の著作が登場する。(1) また、Alfred D. Chandler, *Strategy and Structure* (1962)、H. Igor Ansoff, *Corporate strategy: an analytic approach to business policy for growth and expansion* (1965) を皮切りに、経営主体と環境との関係を追求する経営戦略論が登場し、さらに議論は市場ポジション、経営資源、組織能力などに移り、今日まで繋がる諸議論に連綿と発展していく。(2) Peter F. Drucker, *Managing in turbulent times* (1993) が示したように、予期せぬ急激な乱気流に対処し、新しい現実に挑み、変化の脅威を好機に変える戦略が必要な状況が続いている現在も、この議論は盛んに継続されてきている。

六〇年代から現れてきていた社会的弛緩とリベラリズムへの幻滅とは、七〇年代を経て八〇年代にはいわゆる「保守主義革命」としてレーガン政権を誕生させる。主流はリベラリズム・ケインジアン政策から保守主義・市場主義へと移った。世界の政治・経済政策の主流は、八〇年代から約三〇年に亘るアングロサクソン新自由主義路線（サッチャリズム、レーガノミックス）の国際的浸透とともに、小さな政府・規制緩和・「市場原理主義」思考、大競争、それらに照応する株主主権的企業観・企業統治論に向かい、基本潮流を変えることとなった。

八〇年代のレーガノミックスのもとで、企業では、事業再編、企業システムや生産システムの再編成、労使関係の転換など、未曾有の構造変化が引き起こされた。経営の活性化、合理化、国際競争力強化などを狙って、八三年頃からM&Aが活発化した。それは、企業が儲かる他分野、特にハイテク製造、金融、小売等の分野へスピーディに進出するための手段として使われた。この背景の上で、六〇年代以来の経営戦略論は、この時代にはますます議論が盛んになっていく。

M&Aブームはまた、一九五〇年代以来増えていた機関投資家のマネーゲーム的売買や株主行動主義への方向転換をもたらした。また、七〇年代に続発した企業不祥事の中で、企業活動監視の必要性が強く意識され、企業の社会的責任が議論されてきていた（取締役会の社会的責任委員会、社外取締役の強化、ガバナンス問題での機関投資家の関与、ビジネス倫理の制度化等）が、これらの議論は、《株主―取締役会》という枠組内でガバナンス改革を論じるところに収斂した。新自由主義の「株主資本主義」思考があり、《企業は株主のもの》という前提が不動の位置に置かれたからである。企業は株主のものであり、取締役会やCEO達は株主価値を最大にすることが当然の任務だとされた。株主による安いエージェンシー・コストの経営者監視システムの構築（受託責任確保、取締役会機構改革）を目指そうとするコーポレート・ガバナンスが流行となった。(3) 八〇年代からM&Aが過熱し、機関株主を中心としたマネーゲーム的買収劇の様相を示したときには、この企業観がまさにそれを正当化する基礎理論としての役割を果たした。経営者に多額の業績報酬（ストックオプションなど）を与えて株主と共通利害を持つように仕向け、株主利益（高株価、高配当）向上に経営者を誘導するという議論がされた。経営者の方は買収と劇的なリストラ、ダウンサイジング、アウトソーシング、グローバル化、自動化等々を通じての《高利益―高株価》の維持によって、巨額の富を得た。高株価は、株主のみならず、ストック・オプションによって経営者にも莫大な個人利益をもたらした。経営者は、在任中の稼げる間に短期利益を求め、顧客、従業員、企業の将来、公共性を犠牲にした。株価や企業時価総額が会社の実力を測る尺度となり、株主資本主義、株主価値経営、株価重視経営という名で呼ばれる経営方式が喧伝された。

しかし、株価を極限まで高め、儲けられるうちに儲けるというマネーゲームは、二〇〇〇年夏以後の株価下落基調のなかで、うまく機能しなくなった。このような状況下でも株高を前提としたビジネスモデルを無理に維持しようとしたところに、エンロン・ワールドコムなど多くの企業の不正会計問題と破綻が発生したのであった。経営者は偽装利益をつくりあげ、その利益に株価が反応し、マネーゲームの中で経営者と一部投資家が儲けたのである。抑制を欠いた市場主義、株高バブル時代を下敷きにした短期的金儲け主義、それらを後押しする株主価値最大化イデオロギーと結びつくアメリカ型コーポレート・ガバナンスは、時代の落とし子であった。コーポレート・ガバナンスの議論が八〇年代から彗星のように突然現れた文脈は、以上のところにあった。(4)

株主にとって良い経営、すなわち株主価値を高め、配当を多くし、株主への説明責任を果たしている経営こそが重要だとする文脈においては、株主以外のステイクホルダーへの配慮は、副次的位置に置かれざるを得ない。経営者は企業出資者（株主）の代理人として、株主の利益に奉仕する以外の責任を持つことはできないとし、したがって、利潤を減らして「社会的責任」を果たすことは無責任なことだとされた（Milton Friedman）。それは政治世界におけるリベラリズムから保守主義への移行と対応して、それまで主流だった顧客・従業員・株主等のバランスをとった経営というイデオロギーからの大きな転換を意味していた。

一九八〇年代以降のコンピュータ化の急速な普及で、調達・生産・在庫・販売・物流・会計・人事等の諸局面においてＩＴ利用による効率化が急速に進んだ。特に一九九〇年代後半は、ＩＴ投資の活性化により企業内での情報網が整備されていった時期でもあった。コンピュータ資本主義（情報資本主義）と呼ばれて議論される時代が到来した。(5) コンピュータ情報ネットワークが生産過程、流通過程、組織、社会全体に広がり、それを変えていった。情報化をベースにした企業経営への変質は経営全般に及んだ。ＩＴブーム（規制緩和に支えられたＩＴ関連の技術革新と設備投資）で多数のＩＴ企業が誕生し、インターネットを利用した新しいビジネスモデルが喧伝された。日欧からの投資が増え、九〇年代後半には株式市場が大活況を呈するにいたった。豊富な資本とＩＴを融合させた新分野が次々と生まれ、ＩＴ革命と金融革命が時代のキーワードとなった。従来の製造業はオールドエコノミーと呼ばれたが、やがてこれもＩＴ化を進め、ＩＴ投資を軸に長期的景気拡大が続いた。こうした中で、経営情報に関する膨大な研究が発表されていったのである。(6)

この時期はグローバリゼーションが進んだ時期でもあった。高い国境の壁時代の経営から国境の壁の低い時代の経営への加速化、単一世界市場となったグローバルな競争場裡で大競争と地域主義との間にたっての新たな経営戦略の模索、グローバルスタンダードを巡る競争、グローバルＭ＆Ａ―いわば規制緩和路線国際版の進行であった。企業行動における国境意識が希薄化し、生産・販売・Ｒ＆Ｄ・財務等を世界の最適地で展開するグローバルネットワーク（企業内国際分業網）が進んだ。〈地域統括本社―本国本社体制〉と情報ネットワーク（グローバルＣＩＭ、グローバル管理システム）による統合的管理、情報ネットワークによる合弁事業・技術協力・ＯＥＭ・共同研究開発など、グローバルな企業関係の形成が進行した。グローバルな競争力、マルチナショナルな柔軟性、全世界的な学習能力の三点を同時に開発するトランスナショナルな企業戦略（C. A. Bartlett & S. Ghoshal, 1989）が議論された。(7)

ＩＴと金融中心の好景気と喧噪は二十一世紀初頭にいったん終わるが、しばらく間を置いたリーマン・ショック（二〇〇八）とその後の金融危機は、新自由主義路線の破綻を決定づけ、過去三〇年間に主流となってきていた思考・政策・企業観は再検討を迫られている。成果主義の労働、貧富差を始めとするさまざまな格差の拡大と固定化、社会保障・セーフティネットの貧困、医療問題、地方の衰退・生活の崩壊、などが大きな問題となり、また、地球環境、地球資源などの課題も深刻化した。これらには新自由主義路線とそのもとでの奔放な企業活動が深く関わっていると、批判的に見なされるようになった。こうした転換点の入り口に立っている今日、企業と経営学には何が求められているのか。

三　新自由主義政策の破綻と経営学の再展開

ＩＴ（ＩＣＴ）の飛躍的発展、グローバル化、規制緩和と自己責任原則による熾烈な国際的市場競争による経済発展政策、ＩＴと金融中心への産業構造シフト、株主主権主義の企業観と過度な利益追求主義、企業自体の商品化と売買・Ｍ＆Ａ、成果主義労働・非正規労働者・格差・貧困・医療・社会保障・セーフティネットなどの問題性、地球環境、地球資源などにおける諸問題が、新自由主義路線の破綻後に残された現実であった。徹底した個人主義・自己責任主義・競争主義・機能主義は、近代化の中で解体され続けてきた共同体的連帯の破壊をさらに加速させた。労働の世界や社会生活は、寒々と孤立した個人の機能的組織化の様相を一層強くした。他人への配慮は消え、ひとり精神を病む人が増えてきている。このような遺産の上に、われわれはどのような二十一世紀社会・経済・企業を新たに展望し、再編成の方向を見ることが出来るのであろうか。

新自由主義に代わって、不況対策のために政府による景気対策がとられ、政策基調は「小さな政府」路線、規制緩和と市場原理主義から転換した。新金融規制案（二〇一〇年一月）に象徴されるように、金融機関の規模や事業内容に一定の制限を設け、「規制緩和」で出てきた金融派生商品に監視と規制がかぶせられる方向に切り替わりつつある。集権的社会主義と市場原理主義の双方の挫折を踏まえて、いまや《「自由主義市場経済」＋「公的規制・介入」＋「政治的多元主義」》の政策ミックスしかないことが示されてきている。しかも、グローバル化した経済・企業活動を踏まえて、規制も一国を超えた国際的課題として出てきている。

こうした中、企業レベルの問題でも、株主主権主義の企業観・企業統治と過度な利益追求主義は、これまでのように声高には語られなくなり、息を潜めてきたようである。それに替わって、再びステイクホルダー型企業統治と企業の社会的存在性・社会的責任等の議論が勢いを増してきている。

激しい競争で勝ち抜くこと・企業成長・利益を中心的関心に置いて生産力向上に邁進してきた企業、それらの企業生産力が累乗化された人類全体の総生産力がもたらす地球環境破損は、もはや地球自然の自浄能力を遙かに超えて、地球破壊、生存環境の破壊をもたらしつつある。今や生産力は、破壊力に転化する危機と隣り合わせにある。地球環境、地球資源問題が、喫緊の要事として、人類にとって・企業にとって、避けられなくなったゆえんである。

このような状況は、経営学に何を求めているのか。

第一は、株主主権的企業観と過度な短期利益追求主義に走った現実への反省である。新自由主義的経済政策の敗北、規制破壊からの軌道修正、株主価値第一主義型ガバナンス論からステイクホルダー型ガバナンス論への転換がすでに見られる。

ステイクホルダー型ガバナンス論は八〇年代以後の三〇年間、主流の議論にはならなかった。(8) 議論になる場合も、企業論としてよりも、応用倫理学の領域からビジネス倫理の問題として展開されてきていた。(9) 主流の議論に対しては Allan A. Kennedy, *The End of Shareholder Value: Corporations at the Crossroads* (2000) や Roger Lowenstein, *Origins of the crash: the great bubble and its undoing* (2005) などに象徴される批判も出始めていたが、異端的存在であった。

二〇〇八年秋以後、こうした気運は変わっている。それは、たとえば *Harvard Business Review* (Special Issue : Managing in the New World-July/August 2009) の特集に象徴される。そこでは、今後の新しい世界（「経済新秩序」）の展望との関連で株主価値経営が批判的にとりあつかわれている。（邦訳『Diamond ハーバード・ビジネス・レビュー 34（11）』（二〇〇九・一一）所収の Pfeffer Jeffrey（二見聰子訳）「株主価値経営は株主価値を創造しない―ステークホルダー資本主義の再来」、Mintzberg Henry（有賀裕子訳）「企業は株主価値を最大化するためのマシンではない―「コミュニティシップ」経営論」）。日本では、新自由主義の旗手だった中谷巌が「転向」を宣言し、リーマン・ショック、格差社会、無差別殺人、医療の崩壊、食品偽装、環境破壊、資源不足、金融危機などの元凶が市場原理主義にあったとする自己批判の書を書いた（『資本主義はなぜ自壊したのか―「日本」再生への提言』二〇〇八）。[10]

このような動きは、企業・株主エゴ優先経営から企業の市民性・社会性重視経営への転換、コーポレート・シチズンシップ、企業倫理への注視、CSR、法令遵守、社会的企業や非営利組織への注目、社会貢献活動などの議論の高まりに繋がっていく。企業は組織統治、人権、労働慣行、環境、公正な事業慣行、消費者課題、コミュニティ参画及び開発などに深い配慮をすることなしには、存在を許されないという認識が深まっている。具体的には、充実した労働生活への配慮（労働の人間化、やり甲斐のある仕事、ニューファクトリー、ニューオフィス、人材開発、女性労働、労働時間）、人間重視の生産システム、QWL、充実した家庭生活への配慮（労働者のライフスタイルに合わせた多様な労働形態、安定した雇用）、充実した社会生活への配慮（福祉・環境・教育・文化等の充実に貢献する経営、情報開示、男女共同参加社会実現への貢献、内なる国際化）、環境対策、社会貢献などである。株主の世界でも社会的責任投資（SRI）が議論に上るようになった。[11] 新自由主義思想を象徴するFriedmanの社会的責任否定論[12]とは逆に、企業にCSR精神を内在化させ、企業の遺伝子として組み込むべく努力することが課題となってきている。CSRの消極的受け止めからSocial Issue Management（SIM）として積極的展開をはかる方向が、今後は重要な課題となろう。[13]

破壊力に転じる危機と隣り合わせの巨大な生産力を持つに至った企業は、責任ある行動が課題として求められている。地球環境・地球資源問題の深刻化のなかで、大量生産・大量販売・大量消費・大量廃棄として長年指向されてきたアメリカ的生産・生活様式への見直し、企業成長優先型経営から資源・環境重視の持続可能型経営への体質転換が早急に進むような構造を、重層的環境ガバナンス（個別企業・地域・国家・世界の各レベルの努力とその統合、経営学、経済学、行政学、環境・都市学等の統合）への企業および経営学の積極的協力・参加によって作り出すことが期待される。オバマ大統領のグリーン・ニューディール政策に象徴されるように、経済や技術発展の方向を、環境・資源の制約条件を前提とした経済成長、太陽光発電・風力発電・電気自動車に象徴されるような技術発展を中心として考える時代が来ている。環境を巡る国際的協調も、各国利害の矛盾をはらみつつも、少しずつではあるが進んでいる。[14] このような中で、企業と経営学が新たな課題を抱えるのは当然であろう。「環境管理」「環境監査」「環境管理システム国際規格」「エコリストラクチャリング」「環境ビジネス」など、多くの議論が出てきている。技術革新の方向も、情報技術、新素材技術、新エネルギー技術、生命工学技術、空間技術、海洋開発技術など、これまでとは違ったところが注目を浴びるようになった。

新自由主義の国際的適用という文脈で盛んになったグローバリゼーションもまた、曲がり角を迎えている。グローバル金融市場での著名投資家の著作 George Soros, *The Crisis of Global Capitalism: Open Society Endangered* (1998) や、ノーベル経済学賞受賞者による著作 Joseph E. Stiglitz, *Globalization and Its Discontents* (2002)、*Making globalization work* (2006) などはそれを象徴する。経済に偏重して環境・社会・文化問題が軽視されてきた商業主義的グローバル化、グローバル化による雇用破壊、グローバル化による富の偏在（米、日、独、仏、英の五カ国で世界の富の六〇%を占有）、規制撤廃による金融資本の世界支配と国際的経済危機の頻発、多国籍企業による民主主義・人権の無視、国境を越えて拡がる環境破壊、反グローバリゼーション運動の台頭など、多様な問題が生起している。国際的セーフティ・ネットを欠いたままでの国際金融・自由貿易の国際的強制が、混乱・国際的不平等や格差を拡大したとも批判されている。また、先進諸国現下の経済危機脱出対策は、NIEs・

BRICs・NEXT11・VISTA・MENA等々の続出する新興諸国にたいする投資と需要に支えられている面が大きいが、やがてこれも「グローバルなケインズ問題」をもたらす危惧が指摘されている。これらに対して、WHO・ILOの役割強化、新たな機関の創設（世界環境機関、経済安全保障会議）、多国籍企業監視活動のグローバル化（国際人権連盟、公正労働協会、労働者とコミュニティのためのグローバル連盟、マックス・ファフェラー協会のフェアトレード・ラベル等）、国際的金融監視機関の設置、超国家的に活動する諸機関や人々と協働する協同的統治等が議論されたり・実施されてきている。一国家の管理能力を超える地球規模問題の故に、ICTの発展と結びつけて、NGO・NPO・地方自治体・地域組織・市民・企業など多様なレベルでのグローバルに連携した活動が飛躍的に広がるとともに、国家・政府・国連等をも含めたグローバル・ガバナンス（地球的統治：環境　金融規制　企業活動規制、労働問題等）が議論として登場してきたのである。こうした状況が進む一方で、それにもかかわらず国民国家・国民経済の壁は頑強に残っているとする議論がある（Daniel Yergin and Joseph Stanislaw, *Commanding Heights: The Battle for the World Economy*, 1998）。

情報化の進展は、従来の企業経営のあり方に大きなインパクトを与えた。組織、生産、流通、決済の仕組み、仕事、生活等を変えた。参加型市場経済の構想に結びつける議論もあれば、その逆もある。また、ITの進化はグローバル化にも関わり、『フラット化する世界』（Thomas L. Friedma, *The World Is Flat: A Brief History of the Twenty-first Century*, 2005）への移行が指摘される一方、非フラット化・格差の拡大だと批判的に捉える逆の議論もあり、(15) これもふくめて情報資本主義とそのもとでの企業のあり方の方向性が問われる時代となった。

以上の多様な状況変化の中で、ガバナンス議論は株主（オーナー）による経営者監視という当初の問題意識を超えて、異なった文脈の中で多様な広がりを見せるにいたっている。クリニカル・ガバナンス、ユニバーシティ・ガバナンス、ITガバナンス・高度情報化社会ガバナンス・サイバー・ガバナンス、環境ガバナンス、エネルギー・

ガバナンス、ローカル・ガバナンス、電子自治体ガバナンス、ソーシャル・ガバナンス、eガバナンス、パブリック・ガバナンス、グローバル・ガバナンス、地球環境ガバナンス等、枚挙にいとまがないくらいである。これらに共通なのは、効率性と公正性、透明性、評価を通じた当該組織の社会的正当性であり、そのためのシステムづくりである。それは、広く社会化され、管理も分権化され、合成的意志決定の総体として動く今日の巨大システムの現状を反映した議論であり、株主価値の極大化というような話ではない。

以上のように、新自由主義の嵐が吹き荒れたあとで、多様な課題や新しい動きが出現してきた。具体的な展開の結末はまだ総括する段階ではないが、大きな方向としては輪郭が見えてきているのではないだろうか。

注

(1) The Library of Congress で contingency と organization のクロスキーワードで検索される所蔵書冊数は、二〇〇九年現在三八冊である。

(2) The Library of Congress で corporate strategy のキーワードで検索される所蔵書冊数は一九七〇年九冊、一九八〇年四三冊、一九九〇年一一四冊、二〇〇〇年二二一冊、二〇〇九年四九九冊、また、strategic management では一九七〇年三八冊、一九八〇年一一四冊、一九九〇年九四二冊、二〇〇〇年二六七九冊、二〇〇九年四九〇二冊であった。

(3) コーポレート・ガバナンスの登場によって、従来長く行われてきた「企業の所有と支配」を巡る議論が下火になった（ないしは、取って代わられた）。これに関して、佐久間信夫は「企業支配論争はアメリカでは、一九八〇年代前半にほぼ終息し、八〇年代後半からは企業統治論が台頭した」と指摘している（佐久間信夫『企業支配と企業統治』白桃書房、二〇〇三年、はしがきii頁）。ちなみに日本での議論の台頭状況を（論壇状況を敏速に反映すると考えられる）雑誌論文数で見れば、「コーポレート・ガバナンス」をテーマに掲げた論文の数は一九九〇年までは皆無、一九九一—一九九五年の五年間は二六八件、一九九六—二〇〇〇年の五年間は八一三件、二〇〇一—二〇〇三年は三年間だけで既に一〇〇七件となっており、急増していることがわかる（日外アソシエーツ MAGAZINEPLUS による検索）。

(4) The Library of Congress で corporate governance のキーワードで検索される所蔵書冊数は一九七〇年二九冊、一九八〇年三九冊、一九九〇年一〇五冊、二〇〇〇年五六八冊、二〇〇九年二二五五冊である。日本の国会図書館でコーポレート・ガバナンスの検索をして上がってくる冊数は、一九九〇年〇冊、二〇〇〇年七六冊、二〇〇九年二七八冊となっている。

(5) The Library of Congress で information age のキーワードで検索される所蔵書冊数は一九七〇年三二三冊、一九八〇年四九七冊、一九九〇年八〇四冊、二〇〇〇年一七七四冊、二〇〇九年五一一四冊と急増している。また、information society のキーワードではそれぞれ、一七二九冊、二三九三冊、三四三一冊、六〇〇三冊、一万冊越であった。

(6) いくつかの例をとって、この時代の傾向をThe Library of Congress所蔵書の状況で示す。automation に関しては一九七〇年二五七六冊、一九八〇年四三八一冊、一九九〇年七二七一冊、二〇〇〇年九一三四冊、ＭＩＳに関してはそれぞれ二六二四冊、三七九四冊、五二二七冊、七四一四冊、ＰＯＳに関しては八九〇三冊、九三四〇冊、一万冊越（一九九〇年）、ＯＡは八六三冊、二三三九冊、九〇四〇冊であった。また information と organization の掛け合わせ検索では一九七〇年一一九冊、一九八〇年一七八五冊、一九九〇年二五六九冊、二〇〇〇年三八二三冊、二〇一〇年六三六五冊、information と management の掛け合わせでは一九七〇年一七〇一冊、一九八〇年三九五九冊、一九九〇年六九七九冊、二〇〇〇年一万冊越であった。

(7) The Library of Congress で multinational corporation の検索に上がってくる図書は一九七〇年一二冊、一九八〇年七八冊、一九九〇年一〇〇冊、二〇〇〇年一三三冊、二〇〇九年一五五冊であり、global corporation ではそれぞれ二四冊、四一冊、一三七冊、二六六冊、四一六冊となっている。九〇年代以降 multinational corporation という理解から global corporation ととらえる理解に変化してきた跡が伺える。また、global marketing では、それぞれ一〇冊、三一冊、八三冊、二七五冊、六二七冊となっており、同様に、九〇年代から基調が変化してきたことが読み取れる。別の観点から Amazon で関係キーワード検索をしてみると、以下のようになっている（二〇一〇年一月一〇日現在、数字は冊数）。Global management 三万一八一一冊、global management and organizational behavior 七〇九冊、global strategic management 三一四六冊、diversification management 五八一四冊、global enterprise 一万一三〇冊、global corporation 一万四九六九冊、global corporate finance 三七冊、global marketing 一万三三七八冊、global Human Resource Management 二三七四冊、global organization management 四二二七冊、global corporate governance 一七七九冊、global corporate culture 一七七五冊、global corporate citizenship 一三一八冊。

(8) R. Edward Freeman, *Strategic management: a stakeholder approach*, 1984. Abbass F. Alkhafaji, *Stakeholder approach to corporate governance: managing in a dynamic environment*, 1989 などを皮切りに、stakeholder capitalism を論じた書は一九九九年以前二七冊、二〇〇〇—二〇〇九年が一二四冊、また stakeholder approach を論じた書は一九九九年以前五冊、二〇〇〇—二〇〇九年が三七冊と比較的少ない（The Library of Congress）。

(9) Archie B. Carroll, *Business & society: ethics & stakeholder management*, 1989. Joseph W. Weiss, *Business ethics: a managerial, stakeholder approach*, 1994. ＣＳＲ、ビジネス倫理、個人倫理などが扱われ、ビジネスと社会の関係のあり方について論じている。management ethics を取り上げた書は一九九九年以前三七二冊、二〇〇〇—二〇〇九年が八一一冊であった（The Library of Congress）。

(10) この傾向は、triple bottom line（経済、社会、環境の三視点からの企業評価）をタイトルにあげた書や論文が二〇〇七年頃から急増してきていることにも現れている。

(11) ＳＲＩの議論は一九八〇—一九九〇年に六四三八冊、一九九〇—二〇〇〇年に七一四九冊、二〇〇〇—二〇〇九年に七四五九冊と、ブーム的様相があった。

(12)　フリードマンは、経営者は企業所有者（株主）の代理人としてその利益に奉仕する以外の責任を持てないとし、利潤を減らして「社会的責任」を果たすことは無責任で、ひいては自由社会の基礎を崩しかねない（社会主義に道を開く）と批判する。Friedman, M., "The Social Responsibility of Business is to increase its profits," *The New York Times Magazine*, Sept. 13, 1970. また、村井章子訳『資本主義と自由』日経ＢＰ社、二〇〇八年、二五二頁。

(13)　単なるイメージアップ、売り上げ向上を狙って行われる活動は、西欧ではすでにＣＳＲとして評価されていない。

(14)　一九七一ラムサール条約、一九七一ＮＧＯのグリーンピース誕生、一九七二国連人間環境会議、一九七二ローマクラブ「成長の限界」、一九七三ワシントン条約、一九八五オゾン層保護のウィーン条約、一九九二気候変動枠組み条約・生物多様性条約、一九九二地球サミット（「持続可能な開発のための人類の行動計画」）、一九九六世界水会議、二〇〇一京都議定書、二〇〇三第三回世界水フォーラム（日本）。世界環境機関創設の動き。排出権取引制度。エコ・ラベルの普及、環境保護・環境倫理の基金創設、国際的な監視システムの強化などに示される。

(15)　フラット世界化に伴う世界の平準化が言われる一方、そこから見捨てられた膨大な周辺地域の存在が指摘されている（インターネット人口は米、欧、アジア太平洋地域のみ。世界人口の大半は電話を使えない。サハラ以南のアフリカではテレビ人口は五％であるなど）。

Ⅲ 論攷

関わる「情動」(Emotion) の働きである。この情動と知識メカニズムの関係を明らかにしようと、シャンツはナレッジ・マネジメントに高い関心を寄せている。かれによると、形式知と暗黙知は、ある知識を獲得し（記銘し）、保持する（あるいは想起する）「記憶」のプロセスと深く関係している。記憶はその性質によって二つに分けることができ、一つは内容を意識的に想起でき、口頭等で伝えることのできる「陳述記憶」と呼ばれるもの、もう一つは、そのような意識的な想起をせず行動が自然に随伴するような「非陳述記憶」と呼ばれるものがある。非陳述記憶には「手続記憶」や「条件づけ」といわれるものが含まれる。

陳述記憶と非陳述記憶は、explicit memory と implicit memory と表記されることからも分かるように、それぞれ形式知と暗黙知に対応しており、神経科学的には、陳述記憶（形式知メカニズム）は側頭葉内側部の働きと深く関わり、とりわけ海馬がその固定化に重要な役割を果たしている。一方の非陳述記憶（暗黙知メカニズム）は、側頭葉内側部ではなく、大脳基底核と小脳の働きが関わっているとされる。(1)

シャンツはこのように、陳述記憶と非陳述記憶（形式知と暗黙知）が脳内の異なる部位で作動することを示し、さらにこのプロセスに介在する重要な要素として「情動」の役割を強調した。たとえば、情動をコントロールする扁桃核が産生するホルモンは、陳述記憶に関わる部位に直接影響を与えており、情動的興奮が記憶の保持（固定化）に強く関与している。また非陳述記憶の条件づけに関しても、強い条件づけでは扁桃核の活動が活発になることが解明されており、さらにある実験では情動の表れた画像とそうでない画像をみせた場合、情動の表れた画像の方をよく憶えていることが多く、それが扁桃核の働きに一定の関係をもつことも明らかになっている。

このようにして、シャンツは、ナレッジ・マネジメントの基本構成要素の神経科学的基礎づけを行い、この基礎づけの上に、ＳＥＣＩモデルにおける「表出化」過程をとくに重要視し、表出化の条件とその促進手段について社会的相互作用性、つまりコミュニケーションのあり方(2)や組織構造、人事管理の問題等を考察した。

3 モチベーションの神経科学的説明

シャンツは情動の役割とモチベーションの関係にも注目した。たとえば、ある有機体が目的志向的な行動をとるのは、何らかの正の情動を生起させるか、あるいは負の情動を軽減させるためであると考えられるが、その考えからすると、「情動」こそ環境の変化に対して適応的に克服しようとする行為に価値を与え、その行動へと導くものである。この動機づけ、つまりモチベーションの違いは個人によって異なり（＝個人性）、とくに経営学研究にとって、モチベーションの相違こそ、パフォーマンス（労働）に関連する個々人の特殊な行動に大きな影響を与えるという点で、きわめて重要な内的過程である。そのことからシャンツは、脳内における神経プロセスを解明してモチベーション生起のメカニズムを明らかにしようとした。

かれによると、神経細胞のシステムとして存在するニューロン群では、個々の神経細胞機能の合計を超越する現象が現れ、脳のもつ高度な知能が機能しだす。この脳の自律的ネットワークから生じる創発性の働きからモチベーションも生起する。その際、人間（の動機づけ行動）は外部的な刺激に単純に反応するのではなく、内部状態から外部刺激の存在を知覚し、その処理を行っている。この内部的衝動力の発生源は辺縁系、とくに扁桃核を中心にあるとされる。ただし、扁桃核が一般に、恐怖、不安、攻撃行動といった情動を生み出す箇所だとすると、とくに「快楽」の感覚に関わる箇所は、大脳皮質の下にある視床下部で、視床下部のニューロンは強い情動に伴ってホルモンを産生・放出して自律神経機能を調節する役割をもっている。この領域以外にも、脳幹近くにある黒質緻密部や腹側被蓋野が脳内の報酬系を制御し、たとえば生理的な欲求だけでなく、高次の社会的欲求（連帯の欲求）が満たされる場合でも、ドーパミンの産出を通じて「快楽」を感じる神経を活性化させている。

このように、最終的にモチベーションの生起と相違（＝個人性）は脳内諸機能間の創発作用に規定され、その個体に快楽の感覚を与える脳領域や報酬系神経の活性化と直接結びつくものと理解される。これは先に示した「理論的指導理念」の具体的な説明といえようが、その際には、報酬（欲求の具現化）の多様性と期待の種類がさらに検討されなければならない。とくに期待においては個人による行為の認知的な過程で、この個人の期待形成の主要な決定因は、「行為状況」、「社会環境からの情報」、「過去の経験」、「人間性」の四つである。そのなかでも、企業組織で制御できるのは「行為状況」である。企業組織は「行為状況」が目的化され、刺激的側面を有するフレームワークを構築して人間の期待形成に影響を与えることができるのである。こうした期待形成においては、一般的に「努力―結果―期待」（A－R－E）と「結果―報酬―期待」（R－G－E）の二つの期待プロセスに区別できる。

シャンツは、このプロセスを報酬（欲求の具現化）の多様性に関連させ、一人ひとりの個人性に合致した現場での制度的アレンジメントを機能させることによって、まさに「実践的指導理念」の実現へ導くことになると理解していた。それは、「経営現象への賞罰理念の応用」として企業における具体的人事政策方針に反映され、それを実現している企業が「個人化された企業」(individualisiertes Unternehmen) と呼ばれた。

三　「個人化された企業」の概要

1　基本概念

「個人化された企業」の基本概念は二つある。一つは個人間におけるモチベーションの相違を考慮した制度的アレンジメントを実行すること、もう一つは協働者の自己選択を可能にしておくことである。

とくに、制度的アレンジメントは企業組織内における分業やコーディネーションのあり方を問題とし、具体的なものとして労働時間、給与、人材開発、労働編成、人事管理等がある。これらを企業組織の側から協働者によ

図1　モチベーションの方程式

$$M = IV_b + P_1 IV_a + \left[\sum_{i=1}^{n}(P_{2i}) \times (EV_i)\right]$$

M＝パフォーマンス関連行動に対するモチベーション（負の符号は回避傾向を表す）
IV_b＝パフォーマンス関連行動の内発的誘意性（Valenz）
もしくはパフォーマンス関連行動自体から生じる刺激（Anreiz）
P_1＝努力－結果－期待
IV_a＝目的達成の内発的誘意性，もしくは活動の成果や結果から生じる刺激
P_{2i}＝結果－報酬－期待
EV_i＝目的達成や結果と結びつく外発的誘意性，たとえば高い報酬の魅力

（出所） Schanz, 2004, S. 176.

る選択可能なオプションとして提供することが重要である。たとえば、「個人化された企業における人事管理」（以下、「個人化志向の人事管理」）を具体的な制度的アレンジメントと考えた場合、それは「伝達」、「指導」、「動機づけ」と理解される。その際、「個人化志向の人事管理」の理論モデルには、個人の特殊性とそれに対する刺激変数の認知プロセスを説明する、いわゆる期待理論がその中心に立つ（図1参照）。

期待理論においてはパフォーマンス関連行動のモチベーションだけでなく、行動を個人の特殊性に応じて効果的に制御する可能性が秘められているところにその特徴がある。とくに、図1のなかの期待要素 P_1 と P_{2i}、また外発的誘意性 EV_i は、「個人化志向の人事管理」の実現に重要な要素といえる。というのも、管理者に外部報酬を決定する権限がある場合、たとえば、「結果—報酬—期待」に対する個人の主観に決定的な影響力を与えることができるため、協働者の外部報酬のアクセスを容易なものにするか、困難なものにするか、つまり個人化の実現に人事管理者の存在はきわめて重要な役割を果たすからである。

他方、内発的誘意性への管理者の影響は間接的である。というのも、それは個人の内面的・精神的な自己報奨の側面が強いからである。ただし、この自己報奨の結果として、個人それ自体として動機づけられた活動を実現し、それに協働者とどのような目的を取り決めるのか、どのような責任を委譲するのか、協働者のどのような能力を利用するのかといった人事管理者のやり方は影響力

をもつ。

したがって、シャンツによると、人事管理者はモチベーション向上に効果的な個人の特性を認識する把握力と社会的コミュニケーション技術を必要とし、こうした能力開発のために、たとえば、ハーマンの脳優位性モデルを使い協働者の脳優位プロフィールを作成することが効果的な手段の一つとされる。

2　自由の保障との関係

以上の「個人化志向の人事管理」を一つの契機として、他の制度的アレンジメントを企業組織のなかの至る所に同時に導入する「シミ型戦略」(Flecken - Strategie) を採用することで、個人化の概念は企業組織のなかで最も効果的に浸透していく。このような「実践的指導理念」の実現を通じて、最終的に「社会哲学的指導理念」を実現させなければならない。つまり、それは人間の本質的属性としての自由の欲求を充足させることである。

シャンツは、脳の発達新葉（前頭葉）が創造性や自我意識など高度な精神活動を生み出す、最も人間らしい部分であるとし、それを「自由の器官」と呼んで、脳のなかに自由の存在根拠を求めた。人間は、この部位から生れる個人性を体現したいとする自然の欲求が生じ、それは遺伝的要因に支配されるものの、文化的規範や社会的価値にも影響をうけ発現するものである。そういう点でいえば、自由の概念はリベラリズム社会にとってまさに本質的部分をなし、リベラリズムに影響をうけた人間が自由を再生産することにもなる。

シャンツは、このリベラリズムに基づく自由を、「他人からの強制が弱められる状態」であると述べているが、こうした理解を労働と関連させた場合、強制の排除が人間そのものによってだけではなく、企業組織において用いられる制度的アレンジメントによっても実行されうること、まさにそのことを「個人化された企業」の最終指導理念は含意しているのである。

四　神経科学的経営学についての若干の考察

九〇年代後半以降のシャンツ理論のように、神経科学的研究は、ここ十数年の間に急速に様々な領域において応用され始めており、とくに政治学、哲学、心理学、経済学の分野において積極的に神経科学を中心とした学際的研究が進められている（Farmer, 2006）。そのような各方面でみられる神経科学的研究の成果から、シャンツの神経科学的経営学をみた場合、少なくとも以下の点で課題が残っていると思われる。

1　社会的相互作用性と脳内機能

ナレッジ・マネジメントにおける神経科学的アプローチは、具体的には形式知と暗黙知を学習と記憶のメカニズムに置換し、それを脳内機能で説明することに主眼がおかれた。もちろん、シャンツの言及はそれだけにとどまるものではなく、知識獲得のための社会・文化的条件、直観との関連性等においても神経科学的知見からの説明が試みられている。

しかし、かれが強調したＳＥＣＩモデルの「表出化」の条件である人間間の社会的相互作用性や、そのための手段の妥当性については、神経科学的視点からの根拠づけがかれの理論展開のなかで全く行われていない。確かにこの領域は神経科学それ自体においても最先端の研究であり、現在でもその内容が日々更新されつつあるが、ナレッジ・マネジメントの根拠づけに興味深い成果も一部示されている。そのなかでもとくに、コミュニケーションの同期性は、知識表出化にとって重要な条件であり、脳神経プロセスにおいても他者とのコミュニケーションにはこの同期性が必要であるとの実験結果が示されている。つまり、同期した時間の流れが共有化されたコンテクストを形成する一つの条件とされているのである。同期性は自他を区別する重要な要素であるだけに、神経科学的経営学では脳の時差に対する耐性を基礎に、表出化の条件と促進手段について理論的な根拠づけを行う必要がある。

2　モチベーション・モデルの限界

シャンツが「個人化志向の人事管理」の理論モデルとして採用した期待理論において想定されるような「合理的な意思決定による最適の代替的行動計画の選択」という前提に、神経科学的経営学ではコーチングや周囲とのコミュニケーションの重要性を指摘するだけに終わっている。シャンツにおいては、ホモ・エコノミクスに代わる新たな人間像を心理学的一般仮説に基づいて、あるいは最近では神経科学的に再構築することに核心的意味があったにもかかわらず、モチベーション・モデル（期待理論モデル）ではそのあたりの事情が反映されていない。

それに対し、たとえば、プロスペクト理論は制約された合理性のもとでの意思決定をモデル化したもので、それによると、報酬に対する評価はレファレンス・ポイントを基準にその価値が相対的に認識され、また利得や損失の評価にも違いがあるとされる。つまり、それは価値が各個人の主観性に依存し、期待も個人の評価（重みづけ）によって過大評価される場合もあれば、過小評価される場合もあるという含意をもつ。

またこの最適代替行動の問題以外にも、時間的要素がそこでは欠如している。時間的経過を経た（報酬に対する）価値の変化、またそれと行動との関係もシャンツの理論展開のなかでは検討されなければならない課題である。ちなみに、行動経済学的研究においては、最初の時点での利得の遅延が現在価値を急激に低下させ、割引率は双曲型になると考えられている。この双曲割引にしたがえば、人間は現在の価値をとくに重視する「現在志向バイアス」をもつことになり、将来の大きな利得よりも、目先の小さな利得を選好してしまい「時間的非整合」を引き起こすことになる。

最近ではこのような成果を期待理論と融合させて、新たなモチベーション・モデルを構築しようとする試みがみられるように（Steel and König, 2006）、シャンツのモチベーション・モデルが神経科学的経営学の中核概念（ホモ・エコノミクスの刷新）と整合的であるためには、これまでの成果を摂取したモチベーション・モデルの再設計を検討せざるをえないであろう。というのも、そうした成果は最近まさに神経科学的な裏づけを進めているからである。

3　自由意志の存在

九〇年代後半以降のシャンツ理論の大きな展開は、心と脳の関係を結びつけた点にある。ただし、心と脳の関係は、心身問題として古くからある問題領域で、現在においても物的一元論（心の唯物論）、心的一元論（唯心論）、心身二元論等に分かれて議論が続けられている。

これらのなかからシャンツの立場を類推すると、「自由意志＝心」を物質である脳に究極的に還元して個人性を規定していたことから、物的一元論者とみるのがひとまず妥当であろう。

ところが、シャンツは心理的作用であるモチベーションをニューロンの創発機能の結果ととらえており、「創発性」という集合論的言語を用いることは、それが物理的特性に還元することができないという矛盾した結論をもたらす。かれの立場を非還元的物理主義と理解することもできようが、もともとそうした考えが成り立ちうるか疑問の多いところでもある。また仮に物的一元論の立場を堅持しえたとしても、かれの依拠する批判的合理主義は心身二元論的な考えであり、それとの関係も問題になる。

そもそもこうした立場の規定は、自由概念の存在を大きく左右する。たとえば、リベットの実験から明らかなように（Libet, 2004）、われわれの意識下に感じられる自由意志は、その意識に気づく前に既に脳において無意識的に開始されており、脳内における神経活動が既に先行している。つまり、行為者の意志（自由意志）は脳内の物理法則に則っているという意味で決定的であり、そこに本来的な意味での自由は介在しない。シャンツが人間生活における最も重要な指導理念とみなす「自由の保障」、つまり自由意志の存在そのものがそこでは問われていることになる。「自由意志の存在」については、神経科学的経営学の理論的完成度という点から各指導理念と整合的になるような説明が求められるであろうし、また神経科学的経営学の実践への応用に際しても、倫理的に重要な論点を含んでいると思われる。

五　おわりに

シャンツの九〇年代後半以降の研究は、最近の神経科学的研究の成果を経営学領域において応用しようとするものであり、神経科学とビジネスの接点を求める最近の動きからすると、その先見性と独自性は改めて評価されるところである。しかし、その先見性と独自性ゆえに、その他の隣接分野の研究成果をこれまで以上に積極的に摂取する必要があり、また脳研究そのものから導き出される哲学的問題も十分考慮していかなければならない。このように神経科学をベースにした経営理論の構築には、なお克服すべき点が多いが、この新たなアプローチは実証化の進む現在の経営学の状況を考えた際、「自然科学化する経営学」という意味において、今後の経営学が向かう一つの方向性として一定の可能性を秘めていると思われる。

注

（1）　大脳基底核にある尾状核と被殻の二つの構成要素からなる線条体に大きな影響を受けている。
（2）　その際に、コミュニケーション手段は「可視化」を有力なものとすることが確認されている。

参考文献

Farmer, D. J., Neuro-Gov: Neuroscience and Governance, in: *Administrative Theory & Praxis*, Vol. 28, No. 4, 2006.
Schanz, G., Wissenschaftsprogramme-Orientierungsrahmen und Bezugspunkte betriebswirtschaftlichen Forschens und Lehrens, in:

Wirtschaftwissenschaftliches Studium, Bd. 26, Heft 11, 1997.
Schanz, G., Intuition als Managementkompetenz, in: *Die Betriebswirtschaft,* 57. Jahrgang, Heft 5, 1997.
Schanz, G., *Der Manager und sein Gehirn,* Peter Lang, 1998.
Schanz, G., *Personalwirtschaftslehre,* 3. Aufl., Verlag Vahlen, 2000.
Schanz, G., *Das individualisierte Unternehmen,* Rainer Hampp Verlag, 2004.
Schanz, G., *Implizites Wissen,* Rainer Hampp Verlag, 2006.
Steel, P./König, C. J., Integrating Theories of Motivation, in: *Academy of Management Review,* Vol. 31, No. 4, 2006.
Libet, B., *Mind Time: The Temporal Factor in Consciousness,* Harvard University Press, 2004.

九　経営税務論と企業者職能
――投資決定に関する考察――

関野　賢

一　はじめに

ドイツにおいて、経営経済学の体系化はその学問が生成して以来の課題であったが、近年、この問題に取り組む研究者はほとんど見られない。そのような状況において、シュナイダー（Schneider, D.）は、自らが構築した企業者職能論（Lehre von den Unternehmerfunktionen）のもとでその課題に取り組み、そこで体系づけたものを制度の個別経済学（Einzelwirtschaftstheorie der Institutionen）と称している。[1] しかし、この企業者職能論に基づいて経営学総論が構築されるが、この理論のもとで企業の個別問題がいかに論じられるのかということを、シュナイダーは言及していないのである。

また、日本の経営学の領域においてあまり論じられることがない租税に関する研究は、ドイツでは経営税務論というひとつの学問として確立されている。その理由には、ドイツでは会計学が経営学の一分野として取り組まれていること、また、そのような問題を扱うドイツの研究者が実際に政府の税制に提言する立場にあることなどが挙げられる。以下では、経営学の領域において企業課税の問題に取り組む場合に、いかなる課題が与えられるのかということを、その学問の歴史を振り返ることによって明らかにしたい。

先に述べたように、ドイツ経営経済学において、一般経営経済学は重要な研究テーマであったが、それは特殊経営経済学とは切り離されて論じられてきた。しかし、一般と特殊はまったく別の研究領域ではないのである。本稿においては、このような二つのテーマを取り上げることで、企業者職能論の観点から企業の個別問題、ここでは企業課税の問題がいかに論じられるのかということを検討する。それによって、一般経営経済学と特殊経営経済学の関係について考察したい。(2)

二 企業者職能論と制度の個別経済学

前述したように、シュナイダーは企業者職能論のもとで経営経済学の体系化を試みている。そこでの考察の対象は、所得の不確実性、および、それを減少させるための制度である。通常、現実の社会では自給自足が不可能であるため、自らの欲求を満たすために、貨幣を媒介とした取引が行われる。この取引によって獲得される所得が、そこでの考察対象となる。人の知識が不完全である、また、個人の知識、意図、能力が不均等に分布しているという二つの経験的事実から、将来を完全に予測することはできない。(3)そのため、計画において意図されていた所得と実際に獲得された所得の間に相違が生じるのである。彼は、これを所得の不確実性と称する。企業者職能論においては、この不確実性をいかに減らすのかということが論じられる。すなわち、制度の個別経済学においては、この所得の不確実性を減少させるための制度が考察の対象となるのである。この制度は、「規則システム（秩序）としての制度」と「行動システム（組織）としての制度」という二つの制度を意味する。(4)この場合、規則システムは個々の規則の集合であり、これらの規則によって将来起こるかもしれない予測できない事象がある程度減らされる。それに対して、行動システムとしての制度は、そのような規則システムによって秩序づけられた行動過程から成り立つ。ここでの制度はこのような二重の意味を備えた概念である。

人はこのような制度を用いて、自らの所得の不確実性を減少させようと試みる。その際、自己責任において所得を獲得することが個人の義務と見なされるのである。そのように自己責任の範囲で自らの知識、労働力、その他の能力を用いて所得を獲得する人すべてが企業者（Unternehmer）であると定義されている。[5] ただし、そのような人すべてが自らの企業者職能を行使するのではない。なぜなら、自分よりも優れた人、言い換えると、自分よりも多くの知識を持つ人に自らの企業者職能を委託するからである。このようにして企業者職能を委託された人がマネージャー（Manager）と称され、企業では企業管理者（経営者、中間管理職など）が該当する。[6]

このような企業者やマネージャーは次の職能を行使する。[7] 第一に、他人から所得の不確実性を引き受けて、制度を構築する。たとえば、企業者は、自らの所得の不確実性を削減するために、他人の所得の不確実性を引き受けて（従業員を雇うことで）、企業という制度を設立するのである。第二に、裁定利益もしくは投機利益を追求して、外部に対して制度を維持する。企業の存続には利益の獲得が不可欠であり、ここでは、それは他人との知識差、つまり不完全な知識の不均等分布を利用することによって獲得されると考えられる。また、利益を獲得するためには、環境に適応しなければならない。そのため、第三の職能として変革を遂行し、内部に対して制度を維持する。すなわち、裁定利益の獲得には、企業環境への適応が必要であり、組織は変革されるのである。

これらの職能はシュナイダー独自の見解ではなく、過去においてオーストリア学派なども取り上げている。しかしながら、国民経済学において論じられた思考を経営経済学に応用し、それによって経営経済学の体系化を試みたことは彼の功績であろう。しかし、シュナイダーは、この企業者職能論という観点から各論の問題にどのように取り上げるのかということを明らかにしていない。けれども、体系化された理論の観点から各論の問題がいかに取り組まれるのかということは考察されねばならない。本稿では、企業課税と投資決定の問題が企業者職能論の観点からいかに論じられるのかということを、その課題を明らかにすることによって検討したい。

三　経営税務論の課題

まず、投資決定への企業課税の影響に取り組む経営税務論の歴史を振り返ることで、そこで扱われる課題を明らかにする。ドイツにおいて、経営学の領域での租税の研究は経営税務論として確立されたが、そこで扱われる課題は時代の変遷とともに変化してきた。その研究は、フィントアイゼン（Findeisen, F.）による新聞論説がきっかけとなり本格化された。それ以前にも租税についての経営学的な考察は行われていたが、それらは散発的なものにすぎなかった。しかし、第一次大戦の賠償金支払いやワイマール共和国における社会保障政策のための増税によって企業の租税負担が大きくなるという背景のもと、経営税務論の研究が必要とされ、本格化されたのである。このような時期に、フィントアイゼンは、租税制度を私経済的な側面から考察するための理論を構築すること、その知識を身につけた租税コンサルタントを専門職として確立すること、そして、その育成のための高等教育機関を開設することを要請した。(8) 彼と同時期に、シュミット（Schmidt, F.）やグロスマン（Grossmann, H.）も大学に経営税務論の講座を開設し、経営税務論の体系化を試みた。フィントアイゼンは、租税経営論（Steuerbetriebslehre）として、企業課税の最も目的適合的な形態を追究するとともに、企業課税による経営経済への影響を比較・批判した。(9) その際、租税経営論が経営経済学の一構成要素と見なされ、その考察から商人の租税技法が取り除かれたのである。

一九四〇年代に入ると、経営税務論では、租税計算論としての取り組みと方法論的な研究に重点が置かれるようになった。アウファーマン（Aufermann, E.）は、企業計算制度上での租税の問題に取り組み、純粋な租税計算論としてその研究を進めた。[10]それに対して、ポーマー（Pohmer, D.）やシェルプフ（Scherpf, P.）は、経営税務論の方法論的な問題を取り上げ、経営税務論と一般経営経済学との関係、あるいは、経営税務論と財政学や税法学との関係を考察したのである。[11]

一九六〇年代以降、経営税務論は現在まで続く展開段階へと入った。そのきっかけとなったのがヴェーエ（Wöhe, G.）の著書である。彼は、企業の計算制度への租税の影響とともに、企業の構造要因や主要機能への租税の影響、すなわち、企業の意思決定に対する租税の影響を論じた。[12]それによって、経営税務論と一般経営経済学との関係を明らかにしたのである。ローゼ（Rose, G.）やシュナイダーなどの経営税務論の代表的な研究者においても、企業における租税の影響を個別経済的な観点から考察すること、つまり企業の意思決定に対する租税の影響を考察することが経営税務論の中心的な課題であると主張されている。

さらに、このような経営税務論の課題をヴェーエの見解に従って詳述する。彼はその課題を、課税によって生じる経営上の問題を分析し、それに基づいて意思決定代替案を指摘すること、そして、企業課税の影響を批判的に研究し、税制改革への提案を行うことであると主張する。[13]このことは、次の三つの課題から成り立つ。[14]第一の課題は、経営の要因やプロセスに租税がどのような影響を及ぼすのか、そして、租税負担を最小にするために、企業者がどのような意思決定を為すべきかを明らかにすることである。これは、経営経済的租税影響論（betriebswirtschaftliche Steuerwirkungslehre）と経営経済的租税形成論（betriebswirtschaftliche Steuergestaltungslehre）において取り組まれる。第二の課題は、税制が経営の計算制度にいかなる影響を及ぼすのか、また、課税標準の算出や形成のために、経営の計算制度がいかに構築されるべきかを考察することである。そして、第三の課題は、既存の税制の分析や企業課税改革への提案であり、これは税法形成論(Steuerrechtsgestaltungslehre)において論じられる。経営税務論の本質的な課題が、企業の意思決定に対する租税の影響を考察することであるため、第一の課題が本質的な課題であると考えられる。

四 投資決定と企業課税

次に、経営税務論において企業の意思決定、とりわけ投資決定に対する租税の影響がいかに論じられるのかということを明らかにしたい。前述したように、経営税務論では、租税が意思決定にどのような影響を及ぼすのかという租税影響論的な考察と、それに基づいてどのような意思決定を為すべきかという租税形成論的な考察が行われねばならない。企業の意思決定に対する租税の影響として、企業目標への影響、企業政策への影響および企業全体の意思決定過程への影響がある。これらの影響は、次の三段階の基準が満たされる場合にのみ、企業政策における計画に組み込まれるのである。(15) 三段階の基準とは、第一に、意思決定に影響を及ぼす経済的要因値が税法上の課税標準と関係があること、第二に、課税によって意思決定代替案の優先順位が変化すること、第三に、このような租税の考慮が経済的であるということである。(16)

以下では、この意思決定を投資決定に限定する。その場合、投資決定における経済的要因値が課税標準と関連し、それによって意思決定が規定され、そして、このような考察自体が経済的であると見なされることが、投資決定において租税を考慮することに対する要件となる。第三の基準である租税を考慮することの経済性に関しては、一般的な言明が得られないため、ここでは、第一の基準と第二の基準に限定して、経営税務論において投資決定の問題がどのように取り上げられるのかということを検討する。その際にキーとなる概念が租税パラドックスである。これは、租税を考慮する前と考慮した後で投資代替案の優先順位が変化するという現象である。

課税原則として課税の投資中立性が一般的に認められている以上、理論的には租税は企業の意思決定に影響を及ぼさない。すなわち、租税支払いによって企業の支出は増加するが、それによって投資代替案の優先順位が変化することはないのである。しかし、現実には、税制が社会政策的な目的なども踏まえて制定されることもあるため、課税の投資中立性が損なわれ、課税の影響によって投資代替案の優先順位が変化することも考えられる。この租税パラドックスを取り上げることが、経営税務論において投資決定を扱う際の主要なテーマとなる。

その際、二つの課題が取り組まれる。第一の課題は、投資決定においてこの現象がなぜ発生するのかということを明らかにすることである。これに関しては、減価償却による影響がその原因の一つであると考えられる。減価償却が現金支出を伴わないため、正味現在価値法では、減価償却額分の内部留保による利子効果が発生する。この減価償却による利子効果と課税との関係において、減価償却費が費用として計上されるため、その内部留保された金額に租税が課されず、租税支払いが後の期間に繰り越される租税繰越と同様の効果がもたらされるのである。このことから、後の期間に繰り越された金額、具体的には、減価償却額に税率を乗じた金額に、さらに利子率（資本コスト）を乗じた大きさが、減価償却と課税によって与えられる利子効果となる。この利子効果の影響から租税パラドックスがひき起こされる。

租税パラドックスを取り上げる場合の第二の課題は、現行の税制の枠組みにおいて租税パラドックスは発生しうるのか、また、行政によるさまざまな投資促進措置が投資決定にどのような影響を及ぼすのかということを検討することである。ここでは、現行の（あるいは、将来的な）税制が、租税パラドックスおよび投資中立性という観点から、主として批判的に分析されたり、また、地域限定、期間限定、産業限定などというように、限定的に実施される投資促進措置に課税がどのような影響を及ぼすのかということが考察されたりするのである。

五　経営税務論と企業者職能

先にも述べたように、シュナイダーは、企業者職能論に基づいて企業の個別問題をどのように論じるのかということに言及していない。そのため、体系化された理論と各論の問題がひとつの枠組みの中で考察されていなかったのである。以下では、各論の問題として投資決定における租税の問題を取り上げ、それが体系化された理論である企業者職能論の観点からどのように論じられうるのかを明らかにしたい。

企業者職能論においては、企業のあらゆる問題が企業管理者の意思決定問題として考察される。そこでは、他人の所得の不確実性を引き受ける企業者がマネージャーと称され、これには企業管理者や経営者が該当する。それゆえ、彼らが裁定利益を獲得するためにいかなる意思決定を為すのか、また、どのような制度を構築するのか、あるいは、組織をいかに改革するのかということが論じられる。すなわち、企業者職能論に基づく企業の個別問題の考察では、企業管理者が不完全な知識の不均等分布を利用して利益を獲得するために、いかなる意思決定が為されるのかということが明らかにされるのである。

ドイツでは経営学の領域において租税の問題が取り上げられているが、その多くは租税制度の説明に重点が置かれている。しかしながら、そこでは、意思決定の問題として租税影響論や租税形成論が論じられるべきである。それゆえ、企業者職能論の観点から企業課税の問題に取り組む場合、企業管理者が自らの知識の優位性を用いて利益を獲得するために、租税を考慮した際にいかなる意思決定代替案が有利となるのか、また、いかに租税負担が削減されるのかということが検討されるのである。

このような背景のもとで、シュナイダーは、企業課税の問題として政府による租税政策の不適切性を指摘する。

この不適切性は、課税原則を遵守していないこと、つまり課税の投資中立性を損なう可能性があることを意味し、それは政府における知識の不完全性から生じる。そして、企業管理者がこの不適切性を利用して、いかに利益を獲得することができるのかということが考察されるのである。このような裁定利益の獲得には、二つのプロセスがある。[17] 第一のプロセスでは、所与の条件のもとでの行動代替案に対する経済的租税負担が算出される。第二のプロセスでは、新たな枠組み条件が構築される。つまり、市場パートナーとの形成機会の中で最小の経済的租税負担をもたらす制度が追求されるのである。

第一のプロセスにおいて、企業管理者は、法的租税負担と経済的租税負担の乖離に着目し、実質的な租税負担として経済的租税負担を算出する。投資促進措置が与えられた場合、その負担額に大きな影響が生じるため、裁定利益を獲得するための最初の考察として、税率が引き下げられたり、投資奨励金や投資補助金が与えられたり、特別減価償却が認められたりした場合に、企業管理者の意思決定に対する課税の影響が検討されるのである。もちろん、このような問題は全体経済的な観点からどの政策が最も効果的であるのかというように取り上げられることもあるが、経営経済学においては企業管理者の立場からそれらの問題が取り組まれなければならない。

このような経済的租税負担を把握した後に、その負担をできるだけ回避するための新たな制度や組織の改革が追求される。この場合の租税回避は合法的なものだけが考慮に入れられる。しかし、法律や政府による政策が必ずしも適切であるのではなく、企業管理者はそのことを利用して裁定利益を獲得するのである。この制度の例にリースが挙げられる。ここでは、租税回避のための制度としてのリースについて、企業者職能論の観点から考察する。平成二〇年のリース会計処理方法の変更により、リースにおける税制上のメリットが喪失されると一般的に主張されている。通常の所有権移転外ファイナンス・リースが賃貸借ではなく売買取引と見なされることにより、ユーザーのリース資産の償却方法が賃貸借方式からリース期間定額法へと変更され、従来の減価償却方法における税制上のメリットがなくなると考えられている。しかし、企業者職能論に基づいた考察では、確かにリース契約でも税制に関する知識の優位性が利用されるが、この場合の対象は市場パートナー、つまり契約相手である賃貸人（リース会社）ではなく、税法立法機関に対する優位性である。すなわち、税法立法機関に対する知識の優位性を用いて、市場パートナーと共同でリース制度を構築することで、裁定利益が獲得されるのである。それゆえ、リースにおける税制上のメリットは、賃借人（ユーザー）と賃貸人（リース会社）双方の租税を考慮し、両者における税額の合計が資産を購入した場合より小さい場合に発生する。したがって、ユーザーが減価償却を行わないこと、つまりリース料を損金に算入することによってもたらされるメリットは、それと同等のデメリットをリース会社が被ることになるので、実際にはそのことはリース料に反映されるはずである。また、企業者職能論において重要になるのは、税法立法機関に対する知識の優位性であり、ユーザーはリース会社と共同で税制上のメリットを伴うリース契約を形成することが必要となる。

六　おわりに

以上のように、企業者職能の観点から投資決定における企業課税の問題を取り上げる場合、企業管理者が不完全な知識の不均等分布を利用することによって、特に政府に対する知識の優位性によって裁定利益を獲得する方法が論じられなければならない。言い換えると、租税負担を削減するために、企業管理者がどのような意思決定を為すべきか、そして、彼らが新たにどのような制度を構築したり、どのように組織を改革したりするのかということが考察されなければならないのである。このような考察は経営税務論の本質的な課題であると同時に、企業者職能論によって体系づけられた経営学において各論を取り組むということでもある。

シュナイダーは経営経済学の体系化を企業者職能論のもとで行ったが、この体系づけられた総論は、専門化された各論と切り離されて展開されてはならない。すなわち、企業者職能論という観点から、企業の個別問題として各論の問題が論じられなければならないのである。本稿では、各論の中で投資決定を取り上げ、投資決定における租税の問題を企業者職能論の観点からどのように展開されうるのかについて明らかにした。ただし、ここでの考察は枠組み的な説明であるため、具体的な問題を取り上げることは今後の課題としたい。

注

（1）シュナイダーが主張する企業者職能論および制度の個別経済学については、以下を参照。Schneider, D., *Allgemeine Betriebswirtschaftslehre*, 2. Aufl., München/Wien 1985, S.5 ff. Ders., *Betriebswirtschaftslehre, 1. Bd.: Grundlagen*, 2. Aufl., München/Wien 1995, S.1 ff.（D・シュナイダー著、深山　明訳『企業者職能論』森山書店、二〇〇八年。）Ders., *Betriebswirtschaftslehre, 4. Bd.: Geschichte und Methoden der Wirtschaftswissenschaft*, München/Wien 2001, S. 509 ff.

（2）経営税務論および企業者職能論については、関野　賢『経営税務論の展開―投資決定と企業課税―』森山書店、二〇一〇年で詳細に取り上げているため、本稿では、それら二つの結びつきに焦点を合わせ論じたい。

（3）Schneider, D., *Betriebswirtschaftslehre, 1. Bd.*, S. 7.

（4）Schneider, D., *a. a. O.*, S. 20 ff.

（5）Schneider, D., *a. a. O.*, S. 31.

（6）Schneider, D., *a. a. O.*, S. 32 f.

（7）Schneider, D., *a. a. O.*, S. 33 ff.

（8）Findeisen, F., "Eine Privatwirtschaftslehre der Steuern," *ZfHH*, Heft 8, 1919/20, S. 163 f. Wöhe, G., *Betriebswirtschaftliche Steuerlehre I/1*, 6. Aufl., München 1988, S. 6. Herzig, N., "Steuern–Betriebswirtschaftliche Steuerlehre: von der Verrechnungslehre zur ökonomischen Analyse der Besteuerung," Gaugler, E. und Köhler, R., hrsg., *Entwicklungen der Betriebswirtschaftslehre, 100 Jahre Fachdisziplin*, Stuttgart 2002, S. 461-473 hier S. 463 f.

（9）Findeisen, F., *Unternehmung und Steuern (Steuerbetriebslehre)*, Stuttgart 1923, Vorwort S. III. Wöhe, G., *a. a. O.*, S. 7.

（10）Wöhe, G., *a. a. O.*, S. 9-11. Herzig, N., *a. a. O.*, S. 466.

（11）Pohmer, D., *Grundlagen der betriebswirtschaftlichen Steuerlehre*, Berlin 1958, S. 51. Scherpf, P., "Zur Entwicklung der betriebswirtschaftlichen Steuerlehre (Versuch eines einheitlichen Systems)," *Neue Betriebswirtschaft*, 12. Jg., 1959, S. 61-65 hier

S. 64.
(12) Wöhe, G., *a. a. O.*, S. 14 ff.
(13) Wöhe, G., *a. a. O.*, S. 23. Wöhe, G. und Bieg, H., *Grundzüge der betriebswirtschaftliche Steuerlehre*, 4. Aufl., München 1995, S. 1.
(14) Wöhe, G., *a. a. O.*, S. 24-29. Wöhe, G. und Bieg, H., *a. a. O.*, S. 1-3.
(15) Schult, E., *Betriebswirtschaftliche Steuerlehre: Einführung*, 3. Aufl., München/Wien 1998, S. 22 f.
(16) Schult, E., *a. a. O.*, S. 22 f.
(17) Schneider, D., *Betriebswirtschaftslehre, 3. Bd.: Theorie der Unternehmung*, München/Wien 1997, S. 644.

十　ドイツ経営経済学の発展と企業倫理の展開

――シュタインマン学派の企業倫理学を中心として――

山口尚美

一　はじめに

ドイツ経営経済学（Betriebswirtschaftslehre）における企業倫理学（Unternehmensethik）の体系的な研究は、未だ確固たる地位を形成するには至っていない。ニックリッシュ（H. Nicklisch）とナチ党との癒着の経験から、ドイツでは広範な倫理研究への批判的な見方が根強く、そこでは価値・規範の科学的基礎づけが十分ではないという批判が常に繰り返されてきた。方法的な根拠づけに関してはとりわけ、あらゆる言明をその反証可能性の絶えざる模索に耐えうる限りにおいてのみ経験的に実証されたものとみなす批判的合理主義（kritischer Rationalismus）が優位となることが多かった。そこでは「価値自由」な科学を志向する立場から、価値判断は科学的な言明の範囲から徹底的に排除され、当為命題と科学とは体系的に相容れないものとされる。このような批判的合理主義は科学哲学者であるポパー（K. R. Popper）やアルバート（H. Albert）などによって提唱され、一九六〇年代半ばから経営経済学に著しい影響を及ぼすようになる。

それにも関わらず一九八〇年代、経営経済学において再び企業倫理の重要性が注目されるようになった背景には何よりもまず、「企業不祥事」の多発とそれによって著しく低下した企業の社会的信頼の回復および正当性の確保という現実的課題が窺える。とりわけ一九八四年十二月にインドのボパールで発生した農薬工場から有毒ガスが放散した大事故に加え、一九八六年一月におきたアメリカのスペースシャトル「チャレンジャー号」の爆発事件、同年四月にチェルノブイリ原子力発電所でおきた大惨事などの事件は、企業に対する社会的信頼を失墜させた。(1) 以降、企業管理をめぐる倫理的に疑わしいすべての行動形態に対して社会は非常に敏感になってきている。

また近年、グローバル化やＩＴ化の進展に伴い国際的競争優位性の確保が各国の最重要課題となる中、「市場原理主義」や「株価重視経営」の考え方が大きな影響力を有しており、経済的権力を持つ巨大企業の度重なる反社会的行動が問題となっている。とりわけ、二〇〇八年に発生したリーマンショックを皮切りとした世界規模での金融危機を契機として、資本利害一元的な経営経済学への反省が見られるようになってきており、ドイツ経営学会の内部においては二〇一〇年三月十三日より「経営経済学における倫理」に関する理事会声明が出されている。(2) 経営経済学における企業倫理研究への注目が高まっていることが確認される。

今日、こうした企業経営の社会的側面に関わる問題はＣＳＲ（Corporate Social Responsibility：企業の社会的責任）の問題として論じられることが多い。「企業不祥事」が後を絶たない現状に加え、地球環境問題の深刻化、経済格差の拡大、失業問題、人権問題などが世界的規模で議論を集める中、企業と社会との持続可能な発展（sustainable development）をめざし、企業活動の過程に倫理や法令遵守、社会的公正性、環境や人権への配慮を組み込み、各種利害関係者に対して責任を果たしていくことが要請されている。

本稿は、ドイツ経営経済学においてエアランゲン学派（Erlanger Schule）の構成主義科学論（konstruktive Wissenschaftstheorie）に基づいて企業倫理の問題に取り組んできたシュタインマン（H. Steinmann）とその門下の諸研究者集団、すなわちシュタインマン学派の提唱する企業倫理学に注目する。(3) ドイツの企業倫理研究の展開におけるシュタインマン学派の位置づけを明らかにし、その学説の諸特徴を紹介した上で、現代のＣＳＲ経営の観点から同学派の企業倫理学の意義と限界とを明らかにすることを主眼とする。

二　ドイツにおける企業倫理研究の展開

ドイツ経営経済学における企業倫理研究の流れは、ワイマール時代に経済民主主義の代表者として登場したニックリッシュに始まる。ニックリッシュは、経済生活の担い手が人間であるという点に注目することから、企業を「人間の組織」とみなし、「人間中心的」な観点から組織問題を取り上げた。(4) ニックリッシュによれば人間とは良心（Gewissen）である。人間は、良心に従う精神的存在であるとき初めて本来的な人間となり、社会的には正義を回復させることになる。人間が良心となるためには自由が存在しなくてはならない。自由に関するニックリッシュの見解の背後にはカント（I. Kant）の定言命法（kategorischer Imperativ）が控えている。(5) 一切の目的から自由になり、すなわち手段としての行為から自由になり、行為自体の価値について考えるとき、人間は良心的存在となりうる。また、組織とは有機的に活動している状態のことでありその基盤は共同体である。複数の人間が目的であると同時に手段であり、全体であると同時に部分であるという有機的な二重性の状態にあるとき共同体が形成される。ニックリッシュによれば良心なき組織は、全体が個を搾取し抑圧するか、あるいは個の利己主義によって全体の崩壊を招くことになる。それはニックリッシュのいう真の組織ではない。ニックリッシュは人間が営むあらゆる共同活動は共同体的であるべきだと考える。経済活動もその例外ではなく、企業もまた共同体である。ニックリッシュは企業を労資共同体とみなしているため、労資双方の欲求充当が企業目的となる。このとき労働者は経営共同体の構成員として位置づけられるため、その賃金は企業の外部から調達された価値に対する支払い分である原価と同じ扱いを受けるべきではなく、あくまで経営成果の分配部分であると考えられなくてはならないのである。[6] ニックリッシュの学説は目的決定への参加、生産活動への参加、成果の分配への参加を内容とした、労資同権の全面的な経営参加を要求するものだった。このようなニックリッシュの共同体思考はナチ党の意図と密接に結びつくこととなり、やがて第二次世界大戦の敗戦とともに学界から追放されることとなる。この経過は現代の経営経済学において広範な倫理研究の信用を失墜させることとなった。

第二次世界大戦後の経済混乱期には、崩壊した経済秩序をキリスト教的な立場から再建しようとする経営経済学の流れが少数派ではあるものの存在していた。その代表的なものは、カルフェラム（W. Kalveram）の一九四九年の論文「経済におけるキリスト教的思考」[7] である。そこでは企業経営の道徳的基礎がキリスト教の倫理観に基づいて構想され、理想的な社会の実現が目指されている。キリスト教的経営思想の歴史的系譜をたどると一九世紀後半の社会的カトリシズムにまで遡る。一八八〇年にはカトリック的基礎に立つ労働者問題の解決を目指す「労働者福祉連盟」が結成されており、すでに労働者福祉を合理的な経営政策として理解する動きがあった。一八九八年の第一八回総会では、労働者の権利が語られている。[8] このように少数派ではあるものの、戦前からカトリック思想の内部に明らかに経済倫理ないし経営倫理の必要性の訴えがあったことは重要である。

さて、第二次世界大戦後にパラダイムを構築したのはグーテンベルク（E. Gutenberg）の生産性志向の経営経済学であった。[9] 近代経済学のミクロ的手法を経営経済学の分野に取り入れ、従来の費用理論を継承しつつ新しい生産関数を定めたグーテンベルク理論は方法論的にも内容的にも画期的なものであり、経営経済学の諸問題に関する大論争を巻き起こすものとなった。しかし一九六〇年代後半に入ると、経営経済学の今後の展開をめぐるさまざまな見解が提示されるようになり、グーテンベルク理論を今後なお生かそうとする立場がある一方で、「労働の人間化」の要請や労資共同決定を中心とする労働者の権利拡大といった現実的状況の変化を受け、生産性問題の観点からのみ経営経済学を捉えることの限界もまた指摘されるようになる。

一九七〇年代になると、ロイトルスベルガー（E. Loitlsberger）やシュテーレ（W. H. Steahle）などが新規範主義（Neo-Normativismus）の立場からグーテンベルクを批判した。グーテンベルクが人間を他の生産諸要素と同じく「物財」として考える要素同等化説の立場を取っていたのに対し、新規範主義は人間を精神的存在とする立場から人間重視の経営経済学を構想した。(10) だが、企業経営において人間問題や規範問題を扱うことに反対の立場を取る経営経済学は根強く、新規範主義は企業倫理を支持する立場から価値自由の原理をめぐる議論に積極的に関与したものの、方法論としては批判的合理主義の哲学が優位にあった。批判的合理主義はあらゆる演繹的基礎づけを否定し、ある命題の正当性を反証可能性に耐えうるか否かに求めているため、価値判断の問題を科学的な言明の範囲からは完全に除外している。規範の設定を行うことは、いわば「個人的な信念告白」であり近代科学理論とは無縁であるという。かくして倫理規範の正当化ないし科学的基礎づけは極めて重要な課題となる。それに対してシュタインマン学派は構成主義科学論の立場から「理性的対話」ないし「超主観的対話」の重要性を強調し、独自の企業倫理学を展開させた。(11)

三　シュタインマン学派の企業倫理学の諸特徴

個別企業の具体的目的のもとでしばしば発生する利潤追求と倫理との対立は、企業と利害関係者との対立ないし各種利害関係者間の対立となってあらわれ、企業には現実的問題としてその解決が迫られている。シュタインマン学派によれば、企業倫理学はそうした企業をめぐる複雑かつ多種多様な利害対立の解決を研究するものとして経営経済学の重要な部分領域を形成する。

同学派の企業倫理学は、自らの企業体制論の限界を補完するものとして構想されている。企業体制(Unternehmungsverfassung)の問題は、法学の分野では早くも一九五〇年代より広範に論じられており、一九七〇年代になると大企業における「所有と経営の分離」現象の進展や共同決定の拡充にともない、経営学の分野においても企業の規制のあり方をめぐる問題として議論されるようになった。シュタインマン学派は、企業を多元的利害から構成される社会構成体、連合体、制度と捉えることによって、私的な所有権にもとづく出資者支配をいかにして制度的に規制するかを論ずる独自の企業体制論を展開している。企業体制にはまず二つの基本問題が設定される。[12] 第一は、いかなる利益に基づいて企業の目標と政策とが決定されるべきかという問題であり、第二は、いかなる制度的措置によって企業活動をそのような利益に向けることができるのかという問題である。第一の問題についてシュタインマン学派は、歴史的・発生的考察に基づき、出資者の利益である資本利益、広義の労働者としての生産者の利益、消費者の利益、公共の利益の四つを企業の基礎づけられた体制構成的利益としている。[13] 第二の問題については、執行役会と監査役会との相互作用を重視する「協力モデル」を提案している。それは企業の監査役会を利害多元的な「企業協議会(Unternehmensrat)」へと変革することで、企業権力の社会的な規制を試みるものである。企業協議会の構成員は、体制構成的利益の観点から、資本と労働の代表者のみならず消費者や公益の代表にまで拡大される。執行役会によって提示された企業政策が体制構成的利益と調和するか否かを検査する役割を担い、株式法における一連の「同意義務のある業務」規定により、監査役会に事前的な統制機能が付与されることが注目される。

こうした企業体制は、体制構成的利益の間の構造的に規定された一般化可能で継続的に発生する利害対立を調整すべく作られる制度的措置の体系として要請されるものであり、現実に発生している個々の状況特殊的な利害対立に対して必ずしも解決を与えるような性格のものではない。そのため、同時に個別企業の戦略執行に関連するがゆえに一般化し得ないその時々の対立の解決をめざす企業倫理の確立が必要不可欠となる。

シュタインマン学派の企業倫理学は、構成主義科学論に基づき企業における倫理的規範の形成を中心的課題として展開される。批判的合理主義と同様に、シュタインマン学派も何らかの基礎言明から演繹的に導き出された規範は科学的には基礎づけられていないものとみなしている。しかし演繹的基礎づけの概念は、あくまで基礎づけの特殊な場合をあらわしているにすぎない。[14]科学とは言語行為であり、構成主義において科学的に正当化されるものとは事実そのものではなく、事実について論ずる行為である。ある言明を科学的に基礎づけるものは関係者間の自由な合意であり、その基礎づけは理性に基づく対話によって可能となる。したがって構成主義によれば、倫理的規範の正当化問題も科学的に論ずるべき課題となる。

構成主義において科学活動は、生活実践の直接的な継続として捉えられるべきなのであり、企業倫理の要請は何よりもまず企業にとってきわめて重要な実践的課題として理解される。[15]シュタインマン学派は現実に起きた事例の再構成を通じて、企業倫理について次のようにいう。「企業倫理は、関係者との対話による合意を通じて基礎づけられる、あるいは基礎づけることが可能であるような、あらゆる実質的および手続き的な規範を包含しており、その規範は、具体的な企業活動の管理において利潤原則によって誘発される対立的な作用を制限するために、自己拘束という目的のために企業によって義務として遂行されるものである」。[16]

シュタインマン学派においては、特定の倫理的規範を正当なものとしてみなす場合にその理由がどのようにして提示されるのかという手続き問題に特に関心が向けられる。同学派の企業倫理学の最大の特徴は、それが対話倫理としての性格を有している点にあり、そこでは規範の科学的基礎づけは批判的で公共的な対話を通じて行われることとなる。[17]利害対立を解決するための対話は、恣意、強制、妥協とは無関係のものでなくてはならないのであり、主観的な自己利益を訴える性格のものとは異なる。利害の正当性は権力行使や妥協によってではなく、すべての関係者間の理性に基づく合意によって確保されるものであるため、すべての対話参加者は他者の主張にも配慮し、それが妥当であると考えるならば自己利益を撤回する態度をとらなくてはならない。こうした論拠を提示するために行われる話し合いを意味する対話は「超主観的対話（transsubjektiver Dialog）」と呼ばれ、そこでは「先入観にとらわれることなく、強制されることなく、押しつけがましくなく」、さらにはすべての対話参加者が対等な立場に立つことが要請される。(18)「超主観的対話」によって獲得された規範は、その科学的基礎づけが一応完了したものとみなされ、企業実践において利用可能となる。ただし、基礎づけを得られた倫理規範であっても、もちろん時間的・空間的に普遍的妥当性を有するわけではない。対話はそれが遂行される社会の文化や慣習などの状況的・構造的特質に決定的に依拠しているのであり、合意が決して最終的基礎づけをあらわしていることにはならない点は留意されたい。このようにシュタインマン学派は、行為規範を導き出すことを目指す対話過程のための手続き論として独自の企業倫理学を構想する。

こうしたシュタインマン学派の企業倫理学に対して重要な批判を行った経営経済学者の一人にハックス（H. Hax）がいる。ハックスは次の点を指摘することから倫理的問題の解決における対話の実践可能性を否定する。(19)現実には、資本主義経済体制のもとで構造的に固定化された権力関係の介入や情報の非対称性など、「超主観的対話」を阻害する要因が企業に存在していることは看過し得ない。利害調整を行う対話自体が一定の社会的状況のもとで行われるため、その対話がそうした社会的構造から完全に自由になることは不可能であり、あらゆる利害関係者が完全に対等な立場で対話に参加することはきわめて困難である。利害対立の解決を目指すはずの対話が、特定の権力者による支配や自己の利益を擁護する対話参加者による機会主義的行為によって阻害される危険性は否定し得ない。

たしかに、「超主観的対話」の実現が現実的ではないとする批判の妥当性は否めない。しかし、理想論であるからこそ現存の理念や規範を盲目的に受け入れるのではなく、それらを批判的に吟味し倫理的な方向で修正していく手掛かりとなるのであり、シュタインマン学派の構想する対話倫理は依然として重要であると考える。

四　CSR経営の観点からの若干の吟味

ここで、今日のCSR経営で鍵概念となる企業と社会との持続的発展の観点から、シュタインマン学派の企業倫理学への若干の吟味を試みたい。シュタインマン学派の企業倫理学は根本的に、個別企業の実践の場における利潤原理と倫理原理との対立状況の解決を課題としている。同学派によると、資本主義経済体制の体制原理である利潤原理の、あらゆる企業に対する妥当性がまずは承認されなくてはならないが、その実現のための具体的な戦略的決定の段階で利害対立が生起した場合、企業自らが関係者間の対話を通してその解決を目指さなければならない。利害対立の平和的解決が望めない場合は、正当性の観点から合意可能な別の戦略を探求しなくてはならない。よって、利潤原理の適用は常に「個別的な場合に平和を損なわない限りにおいて」という制約条件のもとで正当化されるのであり、ここに利潤原理に対する倫理原理の優位性が認められる。しかし、その場合に制約される利潤とは、企業が専ら経済的効率性の観点からのみ行為したときのものであり、現実的な意味を有するものではないことに留意するのと同時に、このように利潤原理と企業倫理とを独立的に捉えることについて疑問を提起せざるを得ない。

シュタインマン学派によれば、利潤原理に基づく企業行動が利害関係者間の利害対立を生じさせる場合に企業倫理が要請される。たしかに、倫理性を度外視した企業の短期的な利潤追求行動はしばしば「企業不祥事」としてあらわれており、短期的な視点から利潤原理と企業倫理とが対立状況に置かれる場合は十分にあり得る。しかしながら、「永続事業体（going concern）」としての企業の性格を想起すれば、倫理性を欠いた企業行動が長期的・持続的に利潤を創出しうるかということには疑問が生じる。近年のＣＳＲ経営の鍵概念である持続的発展とは、顧客、納入業者、従業員、地域社会、出資者といった各種利害関係者の欲求充足が長期的に可能である場合においてのみ実現する。事業活動が社会と無関係である企業などは当然存在しないのであり、利害関係者のための価値創造が結果としての私的利潤を生み出すことを考えれば、利潤原理の要求が個別企業の次元において単なる「利潤極大化」を意味するものではないことは明白である。株主利害とその他の利害関係者利害とを対立概念として捉える主張が多く見られるが、利害関係者価値である付加価値を最大化することが持続的な企業価値の向上にとって最善の手段である以上、利害関係者利害と株主利害とは本来的には対立するものとはなり得ない。(20) 企業行為の倫理性を欠いては利害関係者との良好な関係を構築することは不可能であるからして、利潤原理と企業倫理とを対立概念として捉え、また企業倫理を専ら利潤原理の制限として捉えることには限界が理解される。

五　おわりに

各種利害関係者の利害の公正な実現を目指すとき、社会に対して開かれたトップ・マネジメントのあり方が重要となる。シュタインマン学派の企業体制論では、監査役会を利害多元的な「企業協議会」へと拡大させることで経営者の監視・牽制を行うコーポレート・ガバナンスが論じられた。消費者利益や公益の代表の選出方法や監査役会の構成比率などが明らかにされていない点は指摘しうるものの、多元的利害をトップ・マネジメントに組み込む主張は現代においても意義深い。また、いま一つの重要な観点として各種利害関係者と経営者との双方向の対話と「共創（Engagement）」の制度化の必要性が挙げられるだろう。[21] 経営者には、経営諮問委員会等で行われる利害関係者との対話を通じて、企業戦略に利害関係者への責任を統合し、利害関係者のための価値創造を行うことによって、結果として株主に優秀な収益を提供することが望まれる。

注

(1) Steinmann, H., et al., „Unternehmensethik-100 Jahre Betriebswirtschaftslehre in Deutschland," Japan The University of Nagaoka, Press 2, 2003, S. 22.

(2) ドイツ経営学会（Verband der Hochschullehrer für Betriebswirtschaft e.V.）http://vhbonline.org/verein/stellungnahmen/ethik-in-der-betriebswirtschaftslehre/ 最終アクセス 二〇一〇年十二月十六日。

(3) 企業倫理学との関連でシュタインマン学派に属する研究者にはシュタインマン自身の他、とりわけレール（A. Löhr）、ゲルム（E. Gerum）、オスターロー（M. Osterloh）、ツェルファス（A. Zerfaß）、シェーラー（A. G. Scherer）などがあげられる。

(4) ニックリッシュの学説は、岡田昌也・永田　誠・吉田　修『ドイツ経営学入門』有斐閣新書、一九八〇年、五九―七〇頁を参考。

(5) 定言命法は、カント倫理学における根本的な原理である無条件の命法であり、「汝の意志の格率が常に同時に普遍的法則となるように行為せよ」と定式化される。Kant, I., *Kritik der praktischen Vernunft*, Kant Werke V, Akademie Textausgabe, Berlin, 1968, S. 30.

(6) 資本側からすると、その目的は利潤であるため利潤は原価とはならない。資本側の立場から共同決定を考えるとき、労働は資本の手段に位置づけられる。逆に労働側からすると、その目的は労働所得であるため利潤はそのための原価となる。しかし企業を労資共同体とみるとき、資本の取り分も労働の取り分もともに原価には含まれず、経営外部から調達されたものすべてに対する支出が原価となる。この原価を売上高から差し引いたものが経営成果であり、利潤よりも幅の広い金額となる。詳しくは、市原李一『経営学論考』森山書店、一九七五年、一〇五―一〇八頁。

(7) Kalveram, W., *Der christliche Gedenke in der Wirtschaft*, Köln, 1949.

(8) 海道　進・吉田和夫・大橋昭一『現代ドイツ経営経済学』税務経理協会、一九九七年、五三―六〇頁。

(9) Gutenberg, E., *Grundlagen der Betriebswirtschaftslehre*, 1. Bd., Berlin-Göttingen-Heidelberg, 1951.（溝口一雄・高田　馨訳『経営経済学原理』第一巻生産論、千倉書房、一九五七年。）

(10) 新規範主義の学説は、永田　誠「経営経済学における新規範主義」『大阪府立大學經濟研究』第二〇巻第二号、大阪府立大学経済学部、一九七五年、八七―一〇七頁に詳しい。

(11) シュタインマン学派の日本における主要な先行研究には以下の文献がある。万仲脩一『企業体制論―シュタインマン学派の学説―』白桃書房、二〇〇一年。万仲脩一『企業倫理学―シュタインマン学派の学説―』ふくろう出版、二〇〇四年。

(12) F・X・ベア・E・ディヒテル・M・シュヴァイツァー・小林哲夫・森昭夫編著『一般経営経済学第一巻基本問題』森山書店、一九九八年、八九頁。
(13) 同上書、八九―九二頁。
(14) Steinmann, H. „Betriebswirtschaftslehre und Unternehmensethik: Ein Ausblick,“ in Andreas Georg Scherer/Moritz Patzer (Hrsg.), Deutscher Universitaetsvlg, 2008, S. 346.
(15) Steinmann, H., *a. a. O.*, 2008, S. 347.
(16) Steinmann, H., Löhr, A., Einleitung: Grundfragen und Problembestände einer Unternehmensethik, in Steinmann, Löhr (Hrsg.) 1991, S. 10.
(17) Steinmann, H., *a. a. O.*, 2008, S. 347.
(18) Steinmann, H., et al., *a. a. O.*, 2003, S. 29.
(19) ハックスによるシュタインマン学派の批判は、万仲脩一、前掲書、二〇〇四年、二一一―二一五頁。
(20) R. E. Freeman, et al., *Managing for Stakeholders: Survival, Reputation, and Success*, Yale University Press, 2007, p. 51. では、株主も利害関係者の一員として理解される。
(21) 「企業がステイクホルダーと建設的な対話を行い、そこでの議論や提案を受けて、経営活動に反映させていくこと」である「ステークホルダー・エンゲージメント」は、谷本寛治『CSR―企業と社会を考える』NTT出版、二〇〇六年、一六七―一七六頁。

Ⅳ 文献

ここに掲載の文献一覧は、第Ⅱ部の統一論題論文執筆者が各自のテーマの基本文献としてリストアップしたものを、年報編集委員会の責任において集約したものである。

外国語文献

1 Barnard, C. I., *The Functions of the Executive*, Harvard University Press, 1954.（山本安次郎・田杉　競・飯野春樹訳、新訳『経営者の役割』ダイヤモンド社、一九六八年。）

2 Chapman, F. M. and G. A. Whitmore, "Beyond Shareholder Wealth Maximization," in: *Financial Management*, Vol. 3, No. 4 (Winter, 1974), pp. 25-35.

3 Donald, W. J. (ed.), *Handbook of Business Administration*, McGraw-Hill, New York, London 1931. この事典には、アメリカ経営者協会の雑誌などに掲載された論文約一〇〇本、全般管理に関する論文も一〇本以上が所収されている。

4 Drucker, P. F., *The Practice of Management*, Harper & Row, 1954.（上田淳生訳『現代の経営（上）（下）』ダイヤモンド社、二〇〇六年。）

5 Follett, M. P., *Freedom and Co-ordination: Lectures in Business Organisation*, edit. by L. H. Urwick, Management Publication Trust, 1949.（斎藤守生訳『経営管理の基礎──自由と調整──』ダイヤモンド社、一九六三年。）

6 Galbraith, J. K., *The Great Crash 1929*, Houghton Mifflin Company, 1954.（村井章子訳『大暴落１９２９』日経ＢＰ社、二〇〇八年。）

7 Galbraith, J. K., *A Short History of Financial Euphoria*, Penguin Books, 1990.（鈴木哲太郎訳『バブルの物語──人々はなぜ「熱狂」を繰り返すのか──』ダイヤモンド社、二〇〇八年。）

8 Homer, M. S. and C. A. Protzman, *The Fundamentals of Industrial Management – CCS Management Course*.（日通連経営管理研究会訳編『ＣＣＳ経営講座』、第一巻、第二巻、ダイヤモンド社、一九五二年。）

9 Jensen, M. C. and W. H. Meckling, "Theory of the Firm: Managerial behavior, Agency Cost and Ownership Structure," in : *Journal of Economics 3,* 1976, pp. 305-360.

10 Jensen, M. C., "Value Maximization, Stakeholder Theory, and the Corporate Objective Function," in: *Business Ethics Quarterly,* Vol. 12, 2002, pp. 235-256.

11 Lazonick, W. and M. O'Sullivan, "Corporate Resource Allocation and Employment Opportunities in the United States," in : edit by William Lazonick and M. O'Sullivan, *Corporate Governance and Sustainable Prosperity,* Palgrave, 2002.

12 Lazonick, W. and M. O'Sullivan, "Maximizing Shareholder Value: A New Ideology for Corporate Governance," *ibid.,* pp. 11-17.

13 Moony, J. M. and A. C. Reiley, *Onward Industry : Principle of Organization and their Significance to Modern Industry,* Harper & Brothers Publisher, 1931.

14 Nicklisch, H., *Allgemeine kaufmännische Betriebslehere als Privatwirtschaftslehre des Handels (und der Industrie),* I Band, Leipzig 1912.

15 Ryan, L. J., "Calculating the "Stake" for Corporate Stakeholders as Part of Business Decision-Making," in : *Rutgers Law Review,* Vol.44, No. 3, Rutgers University Press, The State University New Jersey, 1992, p. 556.

16 Schmalenbach, E., Die Privatwirtschfaftslehre als Kunstlehre, *ZfhF* 6. Jahrg., 1912.

17 Schmalenbach, E., *Dynamische Bilanz,* 4. Aufl., Leipzig 1926.

18 Scott, W. G., *Chester I. Barnard and the Guardians of the Managerial State,* University Press of Kansas, 1992.

19 Solomon, E., *The Theory of Financial Management,* Columbia University Press, 1963.（別府祐弘訳『財務管理論』同文舘、一九七一年。）

日本語文献

1 ＮＨＫ取材班『ＮＨＫ特集：日本・西ドイツ――二つの戦後経済――』日本放送出版協会、一九八八年。

2 加藤勝康『バーナードとヘンダーソン』文眞堂、一九九六年。

3 下川浩一『日本の企業発展史――戦後復興から五十年――』講談社現代新書、一九九〇年。

4 高田太久吉「アメリカ金融業の規制緩和と集中・再編」、丑山　優・熊谷重勝・小林康宏編著『金融ヘゲモニーとコーポレート・ガバナンス』税務経理協会、二〇〇五年。

5 高橋由明『グーテンベルグ経営経済学――基礎理論と体系――』中央大学出版部、一九八三年。

6 通産省企業局「企業における内部統制について（答申）」、「内部統制の実施に関する手続要領」、金子佐一郎・西野嘉一郎・松本雅男・古川栄一・高宮　晋・野田信夫『内部統制の立案と実施』ダイヤモンド社、一九五三年。

7 通産省企業局編「経営方針遂行のための利益計画」『経営実務』第四十四集、企業経営協会、一九五六年。

8 通産省企業局「事業部制による利益管理」『產業經理』第二十巻第十号、產業經理協會、一九六〇年。

9 中村常次郎『ドイツ経営経済学』東京大学出版会、一九八二年。

10 花見　忠『労働組合の政治的役割』未来社、一九六五年。

11 水野和夫『金融大崩壊――「アメリカ金融帝国」の終焉――』生活人新書、ＮＨＫ出版、二〇〇八年。

二　両大戦間の危機とドイツ経営学

外国語文献

1 Hax, K., *Der Gewinnbegriff in der Betriebswirtschaftslehre*, Leipzig 1926.

2 Nicklisch, H., *Der Weg aufwärts! Organisation*, Stuttgart 1920.（鈴木辰治訳『組織』未来社、一九七五年。）

3 Nicklisch, H., *Der Weg aufwärts! Organisation*, 2. Auflage, Stuttgart 1922.

4 Nicklisch, H., *Wirtschaftliche Betriebslehre*, 6. Auflage, Stuttgart 1922.

5 Nicklisch, H., *Die Betriebswirtschaft*, Stuttgart 1932.
6 Nicklish, H., *Neue Deutsche Wirtschaftsführung*, Stuttgart 1933.
7 Riechers, A., *Das Unternehmen an sich*, Tübingen 1996.
8 Rieger, W., *Einführung in die Privatwirtschaftslehre*, Nürnberg 1928.
9 Schmalenbach, E., *Die Betriebseirtschaftslehre an der Schwelle der neuen Wirtschaftsverfassung*, 1928.（土岐政蔵・斉藤隆夫共訳「新経済組織の関門における経営経済学」『回想の自由経済』森山書店、一九六〇年。）
10 Schönpflug, F., *Das Methodenproblem in der Einzelwirtschftslehre*, Stuttgart 1933.（古林喜楽監修、大橋昭一・奥田幸助訳『シェーンプルーク経営経済学』有斐閣、一九七〇年。）
11 Schmidt, F., *Die organische Bilanz im Rahmen der Wirtschaft*, Leipzig 1921.（平井泰太郎監修、山下勝治訳『有機観対照表学説』同文館、一九三四年。）
12 Schmidt, R.-B., *Wirtschaftslehre der Unternehmung, Bd. 3. Erfolgsverwendung*, Stuttgart 1978.（吉田和夫監修、海道ノブチカ訳『企業経済学』第三巻 成果使用編、千倉書房、一九八六年。）
13 Stolper, G., Häuser, K. und Borchardt, K., *Deutsche Wirtschaft seit 1980*, 2. Aufl., Tübingen 1966.（坂井榮八郎訳『現代ドイツ経済史』竹内書店、一九六九年。）

日本語文献

1 市原季一『ドイツ経営学』森山書店、一九五四年。
2 大隅健一郎『新版　株式会社法変遷論』有斐閣、一九八七年。
3 大橋昭一『ドイツ経営共同体論史』中央経済社、一九六六年。
4 古林喜楽『経営学方法論序説』三和書房、一九六七年。
5 古林喜楽『経営経済学』千倉書房、一九八〇年。
6 鈴木和蔵『新版　経営維持の理論』森山書店、一九七九年。
7 高田　馨『経営共同体の原理』森山書店、一九五七年。

8 田島壮幸『ドイツ経営学の成立』（増補版）森山書店、一九七九年。
9 中村常次郎『ドイツ経営経済学』東京大学出版会、一九八二年。
10 吉田　修『ドイツ経営組織論』森山書店、一九七六年。
11 吉田和夫『ドイツ企業経済学』ミネルヴァ書房、一九六八年。
12 吉田和夫『ドイツ合理化運動論』ミネルヴァ書房、一九七六年。
13 吉田和夫『ドイツの経営学』同文舘、一九九五年。

三　世界恐慌とアメリカ経営学

外国語文献

1 Bernstein, I., *The Lean Years*, Da Capo Press, 1911.
2 Chandler, A. D. Jr., *The Visible Hand: The Managerial Revolution in American Business*, The Belknap Press of Harvard University Press, 1977.（鳥羽欽一郎・小林袈裟治訳『経営者の時代』（上・下）東洋経済新報社、一九七九年。）
3 Fausold, M. L. and G. T. Mazuzan, eds., *The Hoover Presidency: A Reappraisal*, Albany University Press, 1974.
4 Fraser, S. and G. Gerstle, *The Rise and Fall of the New Deal Order*, Princeton University Press, 1989.
5 Hofstadter, R., *The Age of Reform*, Alfred A. Knopf, Inc., 1955.（清水知久・斎藤　眞・泉　晶一・阿部　斉・有賀　弘・宮島直機共訳『改革の時代』みすず書房、一九六七年。）
6 Hofstadter, R., *Anti-Intellectualism in America*, Alfred A. Knopf, Inc., 1963.（田村哲夫訳『アメリカの反知性主義』みすず書房、二〇〇三年。）
7 Scott, W. G., *Chester I. Barnard and the Guardians of the Managerial State*, University Press of Kansas,

1992.
8 Vrooman, D. M., *Daniel Willard and Progressive Management on the Baltimore & Ohio Railroad*, Ohio State University Press, 1991.

日本語文献

1 遊部久蔵・小林　昇・杉原四郎・古沢友吉編『講座　経済学史』（Ⅴ）同文舘、一九七七年。
2 飯野春樹『バーナード研究』文眞堂、一九七八年。
3 伊藤健市・関口定一編著『ニューディール労働政策と従業員代表制』ミネルヴァ書房、二〇〇九年。
4 泉　卓二『アメリカ労務管理史論』ミネルヴァ書房、一九七八年。
5 井上　清『アメリカ企業形態論』ミネルヴァ書房、一九七一年。
6 岩尾裕純編著『講座経営理論』（Ⅰ　制度学派の経営学）中央経済社、一九七二年。
7 加藤勝康『バーナードとヘンダーソン』文眞堂、一九九六年。
8 権　泰吉『経営組織論の展開』ミネルヴァ書房、一九七〇年。
9 田中敏弘『アメリカの経済思想』名古屋大学出版会、二〇〇二年。
10 長沼秀世・新川健三郎『アメリカ現代史』岩波書店、一九九一年。
11 平尾武久・伊藤健市・関口定一・森川　章編著『アメリカ大企業と労働者』北海道図書刊行会、一九九八年。
12 古川栄一『アメリカ経営学』経林書房、一九六九年。
13 松田裕之『ＡＴＴ労務管理史論』ミネルヴァ書房、一九九一年。
14 吉冨　勝『アメリカの大恐慌』日本評論社、一九六五年。

四　社会的市場経済体制とドイツ経営経済学の展開
――市場性・経済性志向と社会性・人間性志向との間の揺らぎ――

外国語文献

1 Bea F. X., E. Dichtl und M. Schweitzer, *Allgemeine Betriebswirtschaftslehre*, Bd.1: Grundfragen, 5. Auflage, Stuttgart 1990.（F. X. Bea ほか編著『一般経営経済学（基本問題）』森山書店、一九九八年。）

2 Frese, E., *Grundlagen der Organisation*, Wiesbaden 2000.（清水敏允監訳『組織デザインの原理――構想・原則・構造――』文眞堂、二〇一〇年。）

3 Gaugler, E. und R. Köhler (Hrsg.), *Entwicklungen der Betriebswirtschaftslehre—100 Jahre Fachdisziplin*, Stuttgart 2002.

4 Gutenberg, E., *Grundlagen der Betriebswirtschaftslehre, Band, 1., Die Produktion*, 1951, *Band 2., Der Absatz*, 1955, *Band 3., Die Finanzen*, 1969.（溝口一雄・高田　馨訳『経営経済学原理』、第一巻　生産論、千倉書房、一九五七年。同『経営経済学原理』、第二巻　販売論、千倉書房、一九五八年。溝口一雄・森　昭夫・小野二郎訳『経営経済学原理』、第三巻　財務論、千倉書房、一九七七年。）

5 Gutenberg, E., *Unternehmensführung, Organisation und Entscheidungen*, Wiesbaden 1962.（小川　洌・二神恭一訳『企業の組織と意思決定』ダイヤモンド社、一九六四年。）

6 Höpner, M., *Wer beherrscht die Unternehmen?*, Frankfurt 2003.

7 Zugehör, R., *Die Zukunft des rheinischen Kapitalismus, Unternehmen zwischen Kapitalmarkt und Mitbestimmung*, Opladen 2003.（風間信隆監訳『ライン型資本主義の将来――資本市場・共同決定・企業統治――』文眞堂、二〇〇八年。）

日本語文献

1 大西建夫編『ドイツの経済』早稲田大学出版部、一九九二年。
2 海道ノブチカ『現代ドイツ経営学』森山書店、二〇〇一年。
3 海道ノブチカ・深山　明編著『ドイツ経営学の基調』中央経済社、一九九四年。
4 梶脇裕二『ドイツ一般経営学史序説』同文舘出版、二〇〇九年。
5 小島三郎『戦後ドイツ経営経済学の展開』慶應通信、一九六八年。
6 高橋俊夫『経営経済学の新動向』中央経済社、一九七四年。
7 花見　忠『労働組合の政治的役割』未来社、一九六五年。
8 二神恭一『参加の思想と企業制度』日本経済新聞社、一九七六年。
9 二神恭一『西ドイツの労使関係と共同決定』日本労働協会、一九八二年。
10 万仲脩一『企業体制論』白桃書房、二〇〇一年。
11 万仲脩一『企業倫理学』西日本法規出版、二〇〇四年。
12 山崎敏夫『戦後ドイツ資本主義と企業経営』森山書店、二〇〇九年。

五　戦後日本企業の競争力と日本の経営学

外国語文献

1 IMD, *IMD World Competitiveness Year Book*, International Institute for Management Development, 2009.
2 Oliver, N. and B. Wilkinson, *The Japanization of British Industry: New Developments in the 1990s*, Blackwell Publishers, 1992.
3 Porter, M. E., *The Competitive Advantage of Nations*, The Free Press, 1990.（土岐　坤・中辻萬治・小野寺武夫訳『国の競争優位（上）（下）』ダイヤモンド社、一九九二年。）

4 Porter, M. E., *The Global Competitiveness Report 2005-2006.*（世界経済フォーラム編、鈴木立哉・渡部典子・上坂伸一共訳『国の競争力』ファーストプレス、二〇〇六年。）
5 Roos, D., J. P. Womack and D. Jones, *The Machine that Changed the World*, Macmillan Pub. Co., 1990.（沢田 博訳『リーン生産方式が世界の自動車産業をこう変える』経済界、一九九〇年。）

日本語文献

1 浅羽 茂『日本企業の競争原理』東洋経済新報社、二〇〇二年。
2 伊丹敬之・藤本隆宏・岡崎哲二・伊藤秀史・沼上 幹編著『リーディングス日本の企業システム』（第二期）（一）～（五）、有斐閣、二〇〇五―六年。
3 伊丹敬之『経営戦略の論理（第三版）』日本経済新聞社、二〇〇三年。
4 今田 治『現代自動車企業の技術・管理・労働』税務経理協会、一九九八年。
5 大野耐一『トヨタ生産方式――脱規模の経営をめざして――』ダイヤモンド社、一九七八年。
6 奥村 宏『法人資本主義の構造――日本の株式所有――』日本評論社、一九七五年。
7 小野豊明『日本企業の組織戦略』マネジメント社、一九七九年。
8 加護野忠男・野中郁次郎他著『日米企業の経営比較』日本経済新聞社、一九九三年。
9 木嶋 豊・昌子祐輔・竹森祐樹『日本製造業復活の戦略――メイド・イン・チャイナとの競争と共存――』ジェトロ、二〇〇三年。
10 坂本 清・櫻井幸男編著『現代企業とフレキシビリティ』八千代出版、一九九七年。
11 猿田正機『トヨタウェイト人事管理・労使関係』税務経理協会、二〇〇七年。
12 末廣 昭『進化する多国籍企業』岩波書店、二〇〇三年。
13 高橋浩夫『国際経営の組織と実際――地域統括本社の実証研究――』同文舘、一九九八年。
14 高橋由明・林 正樹・日高克平編著『日本的経営の国際移転』中央大学出版部、二〇〇〇年。
15 ドーア・ロナルド『日本型資本主義と市場主義の衝突――日・独対アングロサクソン――』東洋経済新報社、二〇〇一年。
16 ドーア・ロナルド『誰のための会社にするか』岩波新書、二〇〇六年。
17 徳田昭雄『グローバル企業の戦略的提携』ミネルヴァ書房、二〇〇〇年。
18 永池克明『グローバル経営の新潮流とアジア』九州大学出版会、二〇〇八年。
19 野中郁次郎『企業進化論——情報創造のマネジメント——』日本経済新聞社、一九八七年。
20 野村正實『トヨティズム——日本型生産システムの成熟と変容——』ミネルヴァ書房、一九九三年。
21 橋本寿朗編『日本企業システムの戦後史』東京大学出版会、一九九六年。
22 林　正樹『日本的経営の進化』税務経理協会、一九九八年。
23 林　正樹「シンガポールの工業化とその特徴」、野村重信・那須野公人編著『アジア地域のもの作り経営』学文社、二〇〇九年。
24 林　正樹「日本企業の競争力研究」、『商学論纂』第五一巻第三・四号、二〇一〇年。
25 一橋大学イノベーションセンター編『イノベーション・マネジメント入門』日本経済新聞社、二〇〇一年。
26 藤本隆宏『能力構築競争』中公新書、二〇〇三年。
27 ポーター・マイケル、竹内弘高『日本の競争戦略』ダイヤモンド社、二〇〇〇年。
28 松野　弘『環境思想とは何か——環境主義からエコロジズムへ——』筑摩書房、二〇〇九年。
29 丸山惠也『日本的生産システムとフレキシビリティ』日本評論社、一九九五年。
30 宗像正幸・坂本　清・貫　隆夫編著『現代生産システム論』ミネルヴァ書房、二〇〇〇年。
31 藻利重隆『現代株式会社と経営者』千倉書房、一九八四年。
32 森谷正規『戦略の失敗』東洋経済新報社、二〇〇九年。
33 森　樹男『日本企業の地域戦略と組織——地域統括本社制についての理論的・実証的研究』文眞堂、二〇〇三年。
34 吉田文和『循環型社会——持続可能な未来への経済学——』中央公論新社、二〇〇四年。

六 グローバル時代における経営学批判原理の複合――「断絶の時代」を超えて――

外国語文献

1. Aglietta, M. et al., *Capitalisme: Quoi de neuf? Forum européen de confrontations*, Éditions Syllepse et Espace Marx, 2002.（若森章孝訳「資本主義の変容」『金融資本主義を超えて』晃洋書房、二〇〇九年。）

2. Berlin, I., *Four Essays on Liberty*, Oxford University Press, 1969.（小川晃一・小池銈・福田歓一・生松敬三共訳『自由論』みすず書房、一九七一年。）

3. Davis, S., J. Lukomnik and D. Pitt-Watson, *The New Capitalists*, Harvard Business School Press, 2006.（鈴木泰雄訳『新たなる資本主義の正体――ニューキャピタリストが社会を変える――』ランダムハウス講談社、二〇〇八年。）

4. Doeringer, P. B. and M. J. Piore, *Internal Labor Markets and Manpower Analysis*, M. E. Sharpe, 1971.（白木三秀監訳『内部労働市場とマンパワー分析』早稲田大学出版部、二〇〇七年。）

5. Drucker, P. F., *The Future of Industrial Man: A Conservative Approach*, John Day, 1944.（岩根忠訳『産業にたずさわる人の未来』東洋経済新報社、一九六四年。田代義範訳『産業人の未来』未来社、一九六五年。上田惇生訳『産業人の未来』ダイヤモンド社、一九九八年。）

6. Drucker, P. F., *The New Society: The Anatomy of Industrial Order*, Harper & Brothers, 1950.（現代経営研究会訳『新しい社会と新しい経営』ダイヤモンド社、一九五七年。）

7. Drucker, P. F., *The Age of Discontinuity*, Harper & Row Publishers Inc., 1969.（林雄二郎訳『断絶の時代』ダイヤモンド社、一九六九年、上田惇生訳、ダイヤモンド社、一九九九年、二〇〇七年。）

8. Drucker, P. F., *Managing for the Future*, Truman Talley Books Dutton, 1992.（上田惇生・佐々木美智男・田代正美訳『未来企業』ダイヤモンド社、一九九二年。）

9 Drucker, P. F., *Post-Capitalist Society*, Harper Business, 1993.（上田惇生・佐々木美智男・田代正美訳『ポスト資本主義社会』ダイヤモンド社、一九九三年。）

10 Fayol, H., *Administration industrielle et générale*, Paris, Dunod, 1917.（佐々木恒男訳『産業ならびに一般の管理』未来社、一九七二年。山本安次郎訳、ダイヤモンド社、一九八五年。）

11 Freedman, M. and R. Freedman, *Free to Choose*, Harcourt Brace Jovanovich, 1980.（西山千明訳『選択の自由』日本経済新聞社、一九八〇年。）

12 Galbraith, J. K., *The New Industrial State*, Houghton Mifflin Company, 1967.（都留重人監訳『新しい産業国家』河出書房、一九六八年。）

13 Galbraith, J. K., *The Age of Uncertainty*, Houghton Mifflin Company, 1977.（都留重人監訳『不確実性の時代』TBSブリタニカ、一九七八年。）

14 Gray, J., *False Dawn*, Granta Publications, 1998.（石塚雅彦訳『グローバリズムという妄想』日本経済新聞社、一九九九年。）

15 Hayek, F. A., *The Road to Serfdom*, University of Chicago Press, 1944.（西山千明訳『隷属への道』春秋社、一九九二年、二〇〇八年。一谷藤一郎訳『隷従への道』東京創元社、一九五四年。）

16 Hayek, F. A., "The Use of Knowledge in Society," (1945), *Individualism and Economic Order*, Routledge & Kegan Paul Ltd., 1949, 1964.（嘉治元郎・嘉治佐代訳『個人主義と経済秩序』春秋社、一九九〇年、二〇〇八年。田中真晴・田中秀夫編訳「社会における知識の利用」『市場・知識・自由』ミネルヴァ書房、一九八六年。）

17 Hayek, F. A., *Law, Legislation and Liberty*, Volume 1: Rules and Order, Routledge & Kegan Paul Ltd., 1973.（矢島鈞次・水吉俊彦訳『法と立法と自由Ⅰ ルールと秩序』春秋社、一九八七年、二〇〇七年。）

18 Hayek, F. A., *The Fatal Conceit: The Errors of Socialism*, University of Chicago Press, 1989.（渡辺幹雄訳『致命的な思いあがり』春秋社、二〇〇九年。）

19 Koontz, H. (ed.), *Toward a Unified Theory of Management*, McGraw-Hill Book Company, Inc., 1964.（鈴木英寿訳『経営の統一理論』ダイヤモンド社、一九六八年。）

20 Reich, R. B., *Supercapitalism: The Transformation of Business, Democracy, and Everyday Life*, Alfred A. Knopf, 2007.（雨宮　寛・今井章子訳『暴走する資本主義』東洋経済新報社、二〇〇八年。）

21 Stiglitz, J. E., *Globalization and its Discontents*, W. W. Norton & Company, Inc., 2002.（鈴木主税訳『世界を不幸にしたグローバリズムの正体』徳間書店、二〇〇二年。）

22 Williamson, O. E., *Markets and Hierarchies*, The Free Press, 1975.（浅沼萬里・岩崎　晃訳『市場と企業組織』日本評論社、一九八〇年。）

日本語文献

1 今井賢一・伊丹敬之・小池和男『内部組織の経済学』東洋経済新報社、一九八二年。

2 井村喜代子『世界的金融危機の構図』勁草書房、二〇一〇年。

3 小池和男『日本産業社会の「神話」――経済自虐史観をただす――』日本経済新聞出版社、二〇〇九年。

4 三戸　公『個別資本論序説』森山書店、一九五九年、一九六八年。

5 三戸　公「日本の経営学、その過去と現在そして――新しい方向の模索――」『中京経営研究』第十九巻第一号、二〇〇九年。

6 宮崎義一『複合不況――ポスト・バブルの処方箋を求めて――』中公新書、一九九二年。

7 山田鋭夫『レギュラシオン理論』講談社現代新書、一九九三年。

8 山田鋭夫『さまざまな資本主義――比較資本主義分析――』藤原書店、二〇〇八年。

七　危機の時代と経営学の再展開――現代経営学の課題――

外国語文献

1 Alkhafaji, A. F., *A Stakeholder Approach to Corporate Governance: Managing in a Dynamic Environment*, Quorum Books, 1989.

2 Allan A. K., *The End of Shareholder Value: Corporations at the Crossroads*, Perseus Pub., 2000.（酒井泰介訳『株主資本主義の誤算』ダイヤモンド社、二〇〇二年。）

3 Andrews, K. R., *The Concept of Corporate Strategy*, Dow Jones-Irwin, 1971.（山田一郎訳『経営戦略論』産業能率短期大学出版部、一九七六年。）

4 Ansoff, H. I., *Corporate Strategy: An Analytic Approach to Business Policy for Growth and Expansion*, McGraw-Hill, 1965.（広田寿亮訳『企業戦略論』産業能率短期大学出版部、一九六九年。）

5 Ansoff, H. I., *Strategic Management*, Macmillan, 1979.（中村元一監訳『戦略経営論 新訳』中央経済社、二〇〇七年。）

6 Bartlett, C. A. and S. Ghoshal, *Managing Across Borders: The Transnational Solution*, Harvard Business School Press, 1989.（吉原英樹監訳『地球市場時代の企業戦略――トランスナショナル・マネジメントの構築――』日本経済新聞社、一九九〇年。）

7 Carroll, A. B., *Business & Society: Ethics & Stakeholder Management*, South Western Pub., 1989.

8 Drucker, P. F., *The Age of Discontinuity: Guidelines to Our Changing Society*, Harper & Row Publishers Inc., 1969.（林雄二郎訳『断絶の時代――来たるべき知識社会の構想――』ダイヤモンド社、一九六九年。）

9 Epstein, M. J. and K. O. Hanson, *Corporate Governance*, Praeger, 2006.

10 Fremont, E. K. and J. E. Rosenzweig, *Contingency Views of Organization and Management*, Science Research Associates, 1973.

11 Freeman, R. E., J. S. Harrison and A. C. Wicks, *Managing for Stakeholders: Survival, Reputation, and Success*, Yale University Press, 2007.（中村瑞穂・出見世信之他訳『利害関係者志向の経営――存続・世評・成功――』白桃書房、二〇一〇年。）

12 Friedman, T. L., *The World Is Flat: A Brief History of the Twenty-first Century*, Farrar, Straus and Giroux, 2005.（伏見威蕃訳『フラット化する世界――経済の大転換と人間の未来――』日本経済新聞社、二〇〇六年。）

13 Kim, K. A. and J. R. Nofsinger, *Corporate Governance*, Pearson/Prentice Hall, 2004.（平元達也・高山純一訳

『コーポレートガバナンス――米国にみる『企業価値』向上のための企業統治――』ピアソン・エデュケーション、二〇〇六年。）

14 Koontz, H., "The Management Theory Jungle," *The Journal of the Academy of Management*, 4(3), 1961.（鈴木英寿訳『経営の統一理論』ダイヤモンド社、一九六八年。）

15 Koontz, H., "The Management Theory Jungle Revisited," *Academy of Management Review*, Vol. 5, No. 2, 1980.

16 Lawrence, P. R. and J. W. Lorsch, *Organization and Environment: Managing Differentiation and Integration*, R. D. Irwin, 1967.（吉田 博訳『組織の条件適応理論――コンティンジェンシー・セオリー――』産業能率短期大学出版部、一九七七年。）

17 Lorsch, J. W. and J. J. Morse, *Organizations and Their Members: A Contingency Approach*, Harper & Row, 1974.（馬場昌雄他訳『組織・環境・個人――コンティンジェンシー・アプローチ――』東京教学社、一九七七年。）

18 Miles, R. E. and C. C. Snow, *Organizational Strategy, Structure and Process*, McGraw-Hill, 1978.

19 Morck, R. K., *A History of Corporate Governance around the World: Family Business Groups to Professional Managers*, University of Chicago Press, 2005.

20 Porter, M. E., *Competitive Strategy: Techniques for Analyzing Industries and Competitors*, Free Press, 1980.（土岐 坤他訳『競争の戦略』ダイヤモンド社、一九八二年。）

21 Porter, M. E., *Competitive Advantage: Creating and Sustaining Superior Performance*, Free Press, 1985.（土岐 坤他訳『競争優位の戦略――いかに高業績を持続させるか――』ダイヤモンド社、一九八五年。）

22 Turner, C. H. and A. Trompenaars, *The Seven Cultures of Capitalism Value Systems for Creating Wealth in the United States Japan Germany France Britain Sweden & the Netherlands*, Currency/Doubleday, 1993.（上原一男・若田部昌澄訳『七つの資本主義――現代企業の比較経営論――』日本経済新聞社、一九七七年。）

23 Vincent, D. R., *The Information-Based Corporation: Stakeholder Economics and the Technology Investment*, McGraw-Hill Professional Publishing, 1990.

24 Weiss, J. W., *Business Ethics: A Managerial, Stakeholder Approach*, Wadsworth Pub. Co., 1994.

日本語文献

1 占部都美編『組織のコンティンジェンシー理論』白桃書房、一九七九年。

2 占部都美『経営戦略と経営計画』白桃書房、一九七一年。

3 加護野忠男・砂川伸幸・吉村典久『コーポレート・ガバナンスの経営学――会社統治の新しいパラダイム――』有斐閣、二〇一〇年。

4 片岡信之・海道ノブチカ編著『現代企業の新地平――企業と社会の相利共生を求めて――』千倉書房、二〇〇八年。

5 勝部伸夫『コーポレート・ガバナンス論序説――会社支配論からコーポレート・ガバナンス論へ――』文眞堂、二〇〇四年。

6 岸田民樹『経営組織と環境適応』三嶺書房、一九八五年。

7 経営学史学会編『経営学百年』文眞堂、二〇〇〇年。

8 経営学史学会編『現代経営と経営学史の挑戦――グローバル化・地球環境・組織と個人――』文眞堂、二〇〇三年。

9 経営学史学会編『経営学の現在――ガバナンス論、組織論・戦略論――』文眞堂、二〇〇七年。

10 「現代社会を読む経営学 全一五巻」ミネルヴァ書房、二〇〇九―二〇一〇年。

11 佐久間信夫『企業支配と企業統治――コーポレートコントロールとコーポレートガバナンス――』白桃書房、二〇〇三年。

12 「叢書現代経営学 全二〇巻」ミネルヴァ書房、一九九八―二〇〇六年。

13 谷本寛治『ＣＳＲ経営――企業の社会的責任とステイクホルダー――』中央経済社、二〇〇四年。

14 土屋守章・岡本久吉『コーポレート・ガバナンス論――基礎理論と実際――』有斐閣、二〇〇三年。

15 出見世信之『企業統治問題の経営学的研究――説明責任関係からの考察――』文眞堂、一九七九年。

16 ドーア・ロナルド『日本型資本主義と市場主義の衝突――日・独対アングロサクソン――』東洋経済新報社、二〇〇一年。
17 中村瑞穂編著『企業倫理と企業統治――国際比較――』文眞堂、二〇〇三年。
18 庭本佳和『バーナード経営学の展開――意味と生命を求めて――』文眞堂、二〇〇六年。
19 沼上　幹『経営戦略の思考法』日本経済新聞出版社、二〇〇九年。

V 資料

経営学史学会第十八回大会実行委員長挨拶

中川誠士

経営学史学会第十八回大会は、統一論題「危機の時代の経営および経営学」の下に、二〇一〇年五月二十一日から二十三日までの三日間にわたって、福岡大学を会場として開催されました。

福岡高等商業学校から出発した福岡大学は昨年七十五周年を迎えましたが、新たな前進を開始すべき年に第十八回大会を開催させて頂きました御蔭で、未来に向けての記念すべき第一歩を印すことができました。遠方からお越し頂くことをもいとわず、五月晴れとは裏腹の降ったり止んだりの生憎のお天気にもかかわらず、多数の会員の皆様にご参加頂きまして誠に有難うございました。厚く御礼申し上げます。

統一論題につきましては、高橋由明先生に基調報告を頂きました後、経営学一〇〇年を分かつ三つの時代の危機と経営学の関連について問うサブテーマ「大戦間と経営学」「第二次大戦後と経営学」「グローバル時代の経済危機と経営および経営学」に沿って六名の先生方にご報告頂きました。自由論題につきましても、同様に鋭い問題意識に立たれた最新の研究成果を六名の先生方にご報告頂きました。大会全体を通じて、「今そこにある危機」に直面しているときにこそ、過去を振り返るとともに理論的に考察することが大切であること、まさに経営学史を研究する意義そのものを再確認する機会を与えて頂きました。報告者・司会者・討論者・チェアパーソンの先生方に改めて感謝申し上げます。

最後に、何とか無事に大会を終了させることができましたのは、理事長高橋由明先生はじめ理事・監事ならびに学会事務局の諸先生方に、福岡大学での開催決定直後から大会当日に至るまで懇切なご指導を賜りました御蔭でございます。この場をお借りして、心より御礼申し上げます。

第十八回大会をふりかえって

山口隆之

経営学史学会第十八回大会は、二〇一〇年五月二十一日（金）から二十三日（日）にかけて福岡大学 七隈キャンパスにおいて開催された。今回の統一論題は『危機の時代の経営および経営学』であり、諸学説を各時代の経済・社会的危機との関連で取り上げ分析するという試みがなされた。

まず、大会実行委員長中川誠士会員より開会の辞が述べられ、続いて高橋由明理事長より「危機の時代の経営と経営学――経済・産業政策と経営学史から学ぶ――」と題された基調報告があった。ここでは、アメリカ、ドイツ、日本において経済・社会の危機といわれた時代の企業経営や経営学、産業政策の態様が確認された。

引き続き、二日間にわたって統一論題につき六つの報告が行われた。「サブテーマ①大戦間と経営学」では、海道ノブチカ会員より「両大戦間の危機とドイツ経営学」、および丸山祐一会員より「世界恐慌とアメリカ経営学」の報告がなされ、アメリカとドイツにおいて国家体制や政策が経営学にいかなる影響を与えてきたのかが示された。「サブテーマ②第二次世界大戦後と経営学」では、風間信隆会員より「社会的市場経済体制とドイツ経営経済学の展開――市場性・経済性志向と社会性・人間性志向との間の揺らぎ――」、および林 正樹会員より「戦後日本企業の競争力と日本の経営学」の報告があり、「サブテーマ③グローバル時代の経済危機と経営および経営学」については、高橋公夫会員より「グローバル時代における経営学批判原理の複合――『断絶の時代』を超えて――」および、片岡信之会員より「危機の時代と経営学の再展開――現代経営学の課題――」の報告があった。各報告は過去・現在・未来へと続く経営学の位置付けや社会的役割を再確認する上で、多くの知見を与えてくれるものであった。また、自由論題については、三会場において計六名の意欲的な報告があり、活発な質疑が交わされた。

総会では、一年間の活動報告と会計報告の後、次回十九回大会を青森公立大学で開催することが確認され、開催校を代表して吉原正彦会員より挨拶があった。また、本年度の著書部門学会賞として、梶脇裕二著『ドイツ一般経営学史序説』（同文舘出版）が顕彰され、受賞者の梶脇裕二会員より挨拶があった。

今大会が充実した内容となり、首尾よく執り行えたのも、周到な準備をして頂いた中川誠士大会実行委員長をはじめとする福岡大学の皆様のお陰である。衷心より感謝申し上げたい。

第十八回大会のプログラムは、次の通りである。

五月二十二日（土）

【自由論題】（報告三〇分、チェアパーソンのコメント一〇分、質疑二〇分）

A会場（A棟六階六一八講義室）

九：三〇―一〇：三〇　梶脇裕二（龍谷大学）「行動理論的経営学から神経科学的経営学へ――シャンツ学説の新たな展開――」

チェアパーソン・深山　明（関西学院大学）

B会場（A棟六階六一七講義室）

九：三〇―一〇：三〇　関野　賢（近畿大学）「経営税務論と企業者職能――投資決定に関する考察を中心に――」

チェアパーソン・田渕　進（大阪経済大学名誉教授）

C会場（A棟六階六一二講義室）

九：三〇—一〇：三〇　明山健師（神奈川大学・院）「ＥＵにおけるコーポレート・ガバナンスの統合化」
チェアパーソン・出見世信之（明治大学）

【開会・基調報告】（Ａ棟地下一階ＡＢ〇二講義室）

一〇：四〇—一一：一〇　開会の辞：大会実行委員長　中川誠士（福岡大学）
基調報告：高橋由明（中央大学）「危機の時代の経営と経営学——経済・産業政策と経営学史から学ぶ——」
司会者：中川誠士（福岡大学）

【統一論題】（Ａ棟地下一階ＡＢ〇二講義室）（報告三〇分、討論二〇分、質疑三〇分）

一一：一〇—一二：三〇　サブテーマ①大戦間と経営学
海道ノブチカ（関西学院大学）「両大戦間の危機とドイツ経営学」
討論者　万仲脩一（四国大学）
司会者　松田　健（駒澤大学）

一三：三〇—一四：五〇　サブテーマ①大戦間と経営学
丸山祐一（名古屋経済大学）「世界恐慌とアメリカ経営学」
討論者　福永文美夫（久留米大学）
司会者　三井　泉（日本大学）

一四：五五—一六：一五　サブテーマ②第二次世界大戦後と経営学
風間信隆（明治大学）「社会的市場経済体制とドイツ経営経済学の展開——市場性・経済性志向と社会性・人間性志向との間の揺らぎ——」

討論者　高橋俊夫（文京学院大学）
司会者　勝部伸夫（熊本学園大学）

【会員総会】（A棟地下一階AB〇二講義室）
一六：二〇―一七：五〇

【懇親会】（文系センター一六階スカイラウンジ）
一八：〇〇―二〇：〇〇

五月二十三日（日）

【自由論題】（報告三〇分、チェアパーソンのコメント一〇分、質疑二〇分）

A会場（A棟六階六一八講義室）
九：一五―一〇：一五　池内秀己（九州産業大学）「危機の時代と経営学の再展開――企業変容と企業観を中心に――」
チェアパーソン・宮城　徹（駒澤大学）

B会場（A棟六階六一七講義室）
九：一五―一〇：一五　有田数士（岩国短期大学）「池田藤四郎とサキガケ新聞論争」
チェアパーソン・百田義治（駒澤大学）

C会場（A棟六階六一二講義室）
九：三〇―一〇：三〇　山口尚美（明治大学・院）「ドイツ経営経済学の発展と企業倫理の展開――シュタインマン学派の企業倫理学を中心として――」
チェアパーソン：岩田　浩（追手門学院大学）

【統一論題】（A棟地下一階AB〇二講義室）（報告三〇分、討論二〇分、質疑三〇分）

一〇：三〇―一一：五〇　サブテーマ②第二次世界大戦後と経営学

林　正樹（中央大学）「戦後日本企業の競争力と日本の経営学」

討論者　那須野公人（作新学院大学）

司会者　仲田正機（京都橘大学）

一二：五〇―一四：一〇　サブテーマ③グローバル時代の経済危機と経営および経営学

高橋公夫（関東学院大学）「グローバル時代における経営学批判原理の複合――「断絶の時代」を超えて――」

討論者　佐々木恒男（青森公立大学）

司会者　藤井一弘（青森公立大学）

一四：一五―一五：三五　サブテーマ③グローバル時代の経済危機と経営および経営学

片岡信之（桃山学院大学）「危機の時代と経営学の再展開――現代経営学の課題――」

討論者　西岡健夫（追手門学院大学）

司会者　小笠原英司（明治大学）

【統一論題のまとめと大会総括】

一五：三五―一六：〇〇　大会総括：理事長　高橋由明（中央大学）

閉会の辞：大会実行委員長　中川誠士（福岡大学）

執筆者紹介（執筆順　肩書には大会後の変化が反映されている）

高《たか》橋《はし》由《よし》明《あき》（中央大学教授）

主著『グーテンベルク経営経済学――基礎理論と体系――』中央大学出版部、一九八三年

『日本語とベトナム語で学ぶ経営学と日本の企業経営――ひとつの国際比較――』（日・越対訳）ベトナムNha Nam社、二〇〇九年

海道《かいどう》ノブチカ《のぶちか》（関西学院大学教授）

主著『現代ドイツ経営学』森山書店、二〇〇一年

『ドイツの企業体制――ドイツのコーポレート・ガバナンス――』森山書店、二〇〇五年

丸《まる》山《やま》祐《ゆう》一《いち》（名古屋経済大学教授）

主著『バーナードの組織論と方法』日本経済評論社、二〇〇六年

『経営管理理論の歴史と思想』（共編著）日本経済評論社、一九九二年

風《かざ》間《ま》信《のぶ》隆《たか》（明治大学教授）

主著『ドイツ的生産モデルとフレキシビリティ』中央経済社、一九九七年

『コーポレート・ガバナンスと経営学』（共編著）ミネルヴァ書房、二〇〇九年

林《はやし》正《まさ》樹《き》（中央大学教授）

主著『日本的経営の進化――経営システム・生産システム・国際移転メカニズム――』税務経理協会、一九九八年

主要論文「『企業・市場・社会』の多様性――比較経営学の課題と方法――」日本比較経営学会編『会社と社会――比較経営学の進め――』文理閣、二〇〇六年

高《たか》橋《はし》公《きみ》夫《お》（関東学院大学教授）

主要論文「非営利組織のミッション経営―島田恒『非営利組織研究――その本質と管理――』をめぐって」『龍谷大学経営学論集』第四四巻第二号、二〇〇四年八月
「日本的経営の現地化」『海外進出企業の経営現地化と地域経済の再建』創風社、二〇一一年五月予定

片《かた》岡《おか》信《しん》之《し》（桃山学院大学特任教授）
主著『日本経営学史序説――明治期商業諸学から経営学の胎動へ――』文眞堂、一九九〇年
『現代企業の所有と支配――株式所有論から管理的所有論へ――』白桃書房、一九九二年

梶《かじ》脇《わき》裕《ゆう》二《じ》（龍谷大学准教授）
主著『ドイツ一般経営学史序説――経営学の本質を求めて――』同文舘出版、二〇〇九年
主要論文「シャンツにおける神経科学的経営学の進展状況について――暗黙知の神経科学的基礎づけと利用可能性を通じて――」『龍谷大学経営学論集』第五〇巻第四号、二〇一一年

関《せき》野《の》賢《まさる》（近畿大学准教授）
主著『経営税務論の展開――投資決定と企業課税――』森山書店、二〇一〇年
主要論文「新制度派経済学と企業者職能論」『神戸学院大学経営学論集』第五巻第二号、二〇〇九年

山《やま》口《ぐち》尚《なお》美《み》（一橋大学大学院博士課程後期）
主要論文「企業倫理の制度化に向けての一考察――シュタインマン学派の学説を中心に――」『商学研究論集』第三〇号、明治大学大学院、二〇〇九年二月
「利潤原理と企業倫理」『商学研究論集』第三一号、明治大学大学院、二〇〇九年九月

経営学史学会年報掲載論文（自由論題）審査規定

一　本審査規定は本学会の年次大会での自由論題報告を条件にした論文原稿を対象とする。

二　編集委員会による形式審査

原稿が著しく規定に反している場合、編集委員会の責任において却下することができる。

三　査読委員の選定

査読委員は、原稿の内容から判断して適当と思われる会員二名に地域的バランスも配慮して、編集委員会が委嘱する。なお、大会当日の当該報告の討論者には査読委員を委嘱しない。また会員に適切な査読者を得られない場合、会員外に査読者を委嘱することができる。なお、原稿執筆者と特別な関係にある者（たとえば指導教授、同門生、同僚）には、査読者を委嘱できない。

なお、査読委員は執筆者に対して匿名とし、執筆者との対応はすべて編集委員会が行う。

四　編集委員会への査読結果の報告

査読委員は、論文入手後速やかに査読を行い、その結果を三〇日以内に所定の「査読結果報告書」に記入し、編集委員会に査読結果を報告しなければならない。なお、報告書における「論文掲載の適否」は、次のように区分する。

①適

②条件付き適⑴：査読委員のコメントを執筆者に返送し、再検討および修正を要請する。再提出された原稿の修正確認は編集委員会が負う。

③条件付き適⑵：査読委員のコメントを執筆者に返送し、再検討および修正を要請する。再提出された原稿は査読委員が再査読し、判断する。

④不適

五　原稿の採否

編集委員会は、査読報告に基づいて、原稿の採否を以下のようなルールに従って決定する。

①査読者が二名とも「適」の場合、掲載を可とする。

②査読者一名が「適」で、他の一名が「条件付き⑴」の場合は、執筆者の再検討・修正を編集委員会が確認した後、掲載の措置をとる。

③査読者一名が「適」で、他の一名が「条件付き⑵」の場合は、執筆者の再検討・修正を、査読者が再読・確認したとの報告を受けた後、掲載の措置をとる。

④査読者二名とも「条件付き⑴」の場合、あるいは査読者一名が「条件付き⑴」で他の一名が「条件付き⑵」の場合、また査読者が二名とも「条件付き⑵」の場合は、執筆者が再検討・修正のそれぞれの条件を満たしたことを編集委員会が確認した後、掲載の措置をとる。

⑤査読者一名が「条件付き⑴または⑵」で、他の一名が「不適」の場合、後者に再検討・修正後の投稿原稿を再査読することを要請するとともに、執筆者の反論をも示し、なお「不適」の場合には編集委員会がその理由を確認して、原則的には不掲載の措置をとる。ただし再査読後、編集委員会が著しく「不適理由」を欠くと判断した場合は、大会報告時の討論者の意見も参考にして、編集委員会の責任で採否を決定し、掲載・不掲載の措置をとる。

⑥査読者一名が「適」で、他の一名が「不適」の場合、大会報告時の討論者の意見、執筆者の反論をも考慮して、編集委員会の責任で採否を決定し、掲載・不掲載の措置をとる。

⑦査読者が二名とも「不適」の場合、掲載を不可とする。

六　執筆者への採否の通知

編集委員会は、原稿の採否、掲載・不掲載の決定を、執筆者に文書で通知する。

経営学史学会

年報編集委員会

委員長　庭本佳和（甲南大学教授）
委　員　高橋由明（中央大学教授）
委　員　吉原正彦（青森公立大学教授）
委　員　岩田　浩（追手門学院大学教授）
委　員　丹沢安治（中央大学教授）
委　員　西岡健夫（追手門学院大学教授）
委　員　山口隆之（関西学院大学教授）
委　員　渡辺敏雄（関西学院大学教授）

編集後記

経営学史学会年報第十八輯は「危機の時代の経営と経営学」というタイトルのもとに、当学会第十八回全国大会の基調報告論文を含めた統一論題報告論文七本と自由論題報告論文三本をもって編集されている。

二〇〇八年九月十五日のリーマン破綻に端を発した金融危機は、当然、実体経済に反映して、世界経済危機を招いたのである。この事態は、二〇〇七年夏に表面化したアメリカの住宅バブル崩壊によるサブプライム・ローン問題という重大かつ深刻な予兆を、多くの企業が見逃していたことを物語っている。

経営学もまた無力であった。経営学が経営の後追い記述の学と化したからだ。しかし、経営学は「現にある企業の姿」の一部を描けば済むのではない。まず経営学は過去（経営現象と学説）に学ぶ歴史の学であり、そこに生成した視点から現前の経営を批判的に分析する経営批判の学であり、そして未来を構想する経営の哲学である。このいずれの側面を欠いても経営学は実践性を失うだろう。これらすべてを内包する経営学史研究にとって、「危機の時代の経営と経営学」というタイトルのもとに編集された本年報は、その学問的力量を十分に発揮できるものとなった。とりわけ、サブテーマ「大戦間と経営学」および「第二次大戦後と経営学」のもとに展開する諸論文は、歴史の学にして経営の哲学としての経営学史の力を示している。またサブテーマ「グローバル時代の経営および経営学」に視点を据えた二論文は、経営学史研究とは歴史の学を基盤にした現前の経営批判の学であり、そこに未来を構想する経営の哲学に至る道があることを浮き彫りにしてみせた。

自由論題論文が少ないのは残念だが、執筆辞退、チェアのチェック機能、査読システムが働いた結果であり、むしろ健全だともいえる。このように本年報は、執筆者はもちろん、チェアや査読を引き受けて下さった諸先生、とりわけ関西学院大学の事務局体制と文眞堂の方々のおかげで完成した。心より感謝申し上げる。（庭本佳和）

THE ANNUAL BULLETIN
of
The Society for the History of Management Theories

No. 18 May, 2011

The Business Managements and Management Theories in the Crises Eras

Contents

Preface

Yoshiaki TAKAHASHI (Chuo University)

I **Meaning of the Theme**

II **The Business Managements and Management Theories in the Crises Eras**

1 The Business Managements and Management Theories in the Crises Eras: The History of Management Theories and Economic and Industrial Policies.

Yoshiaki TAKAHASHI (Chuo University)

2 Economic Crisis in Germany after the First World War and German Business Administration.

Nobuchika KAIDO (Kwansei Gakuin University)

3 Worldwide Depression and American Management Theory

Yuuichi MARUYAMA (Nagoya Economic University)

4 The Development of the German Social Market Economy and Business Economics after World War II.

Nobutaka KAZAMA (Meiji University)

5 The Competitiveness of Japanese Firm and its Management Studies in Japan

Masaki HAYASHI (Chuo University)

6 The Critical Principles of Management in the Global Era: Bureaucracy and Capital

Kimio TAKAHASHI (Kanto Gakuin University)

7 Management Theories at The Crossroads under the Collapse of Neoliberalism

Shinshi KATAOKA (Momoyamagakuin University)

Ⅲ Other Themes

8 From the Behavioral Theory of Management to the Neuro-management Theory

Yuji KAJIWAKI (Ryukoku University)

9 A Study on the Business-Taxation based on Theory for the Functions of Entrepreneur: From Connection with the Investment Decisions

Masaru SEKINO (Kinki University)

10 Development of the Theory of German Business Economics and Business Ethics: Focus on Steinmann School

Naomi YAMAGUCHI (Meiji University)

Ⅳ Literatures

Ⅴ Materials

Abstracts

The Business Managements and Management Theories in the Crises Eras: The History of Management Theories and Economic and Industrial Policies

Yoshiaki TAKAHASHI (Chuo University)

On this article author discusses on characteristics of the business management and management theories by various scholars of Germany, Japan and USA in their economic and social crises eras. Content of the discussions is as follows: i) The German management theories in the era just after the World War I, ii) *The Functions of Executive* by C. Barnard and the Great Recession 1929, iii) The German and Japanese business managements just after the World War Ⅱ, iv) If the objectives of the enterprises in the age of the financialization of American economy is the maximization of share holder's or stakeholder's interest?

Economic Crisis in Germany after the First World War and German Business Administration

Nobuchika KAIDO (Kwansei Gakuin University)

After the First World War enormous reparations were imposed on Germany which made it difficult to rehabilitate the German economy. To avoid the danger of revolution the German goverment and German capital developed the partnership policy between labor and capital. Based on this social and economic background Heinrich Nicklish developed the normative business community theory. He recognized the enterprise as the community of capital and labor. According to his theory the object of enterprises is not profit but results that consist of profit for capital and wage for labor.

On the other hand the German government and German capital accelerated the inflation to revive the German economy. But at the same time a rapid development of inflation also had a negative influence on the production ability of enterprises. Fritz Schmidt insists on the evaluation of costs according to the current price to avoid falsified accounts and to ensure productivity.

Worldwide Depression and American Management Theory

Yuuichi MARUYAMA (Nagoya Economic University)

The Worldwide Depression since October in 1929 affected American Management and Organization Theory. This affect was seriously and variously. People and Students inquired what brought this Crisis and Depression. And Many American People blamed and criticized big business, especially Morgan Financial Group. Simultaneously they asked what political and government system (the federal government) should be. With these matters this paper briefly examines Traditional Organization Theory in 1930s, W. Wissler, A. A. Berle and G. C. Means, Human Relations and C. I. Barnard.

The Development of the German Social Market Economy and Business Economics after World War Ⅱ

Nobutaka KAZAMA (Meiji University)

This paper explores the peculiar development of German business economics and Corporate Governance linked with the economical and social trajectories after World War Ⅱ. German Economy has been called "Social market economy" (Soziale Marktwirtschaft) which is different from a Anglo-Saxon type of the capitalism. However, this economical policy-mix has been converted from "productivity- or economic efficiency- oriented" economical ideas in 1950s and 1960s into "social or human oriented" economic ideas in 1970s and yet into "economical efficiency- or finance-oriented" oriented economical ideas since 1980s. This paper demonstrates that postwar German business economics have responded eagerly with the development and the challenges of the German Economy, and the German Corporate Governance has established in 1970s, but has been exposed to change by the pressures of capital market and deregulation-policies after 1990s.

The Competitiveness of Japanese Firm and its Management Studies in Japan

Masaki HAYASHI (Chuo University)

The Competitiveness of firm is composed of in-company factors and out-of-company factors. The former examples are the management systems of management philosophy and management policy, corporate strategy, management organization, and human-technology-production system, and the latter examples are the factors of the economic, the political, the social, and the natural environmental structures and situations. As a company wants to adopt some out-of-company factors into the company, we should understand the interactive relations of the both factors. It is important to understand that the company doesn't take in all the factors out of it, it will choose and modify some factors for the constitution factors of the management systems. Only the chosen factors become the competitive power factors in this way. The competitive power of the company is an important concept, however, being unlike political power or military power, it isn't a thing of 'the stronger is the better'.

The Critical Principles of Management in the Global Era : Bureaucracy and Capital

Kimio TAKAHASHI (Kanto Gakuin University)

After Lehman-shock, "neo-liberalism" or "market fundamentalism" was recognized as the transitional economic policy. In my view, neo-liberalism emerged from Drucker's so-called "discontinuity" or the situation of "post-Fordism" in the theory of *la régulation*. People thought that a factor of the standstill of capitalism around 1970 was the bureaucratization of business and government organizations. Accordingly, the revitalization of capitalism depended on the anti-bureaucracy and the use of market mechanisms which were theorized by Max Weber and Friedrich Hayek. Meanwhile, many evils of capital, i. e. speculative economy and unequal society, were caused by many deregulation of capital and finally Lehman-shock occurred. Therefore, not only bureaucracy but also capital as the critical principles of business management is needed. These principles, however, cannot be integrated easily, so we need the attitude toward integration of these as a dialectical complex reality in many actual cases of management.

Management Theories at The Crossroads under the Collapse of Neoliberalism

Shinshi KATAOKA (Momoyamagakuin University)

After the end of 1960's, "the age of discontinuity" came and the society was caught by tidal wave of big change. Management theories tried to shift toward adapting to changing circumstances. Contingency theory, open system theory, corporate strategy were the results of the efforts to adapt business environments. Upsurged neoliberalism since 80's changed the situation still more drastically. Corporations were regarded as the property of shareholders as opposed to the former "stakeholder-view".

After the 30 years' neoliberalism bustle, management theories are now getting out of the influences of neoliberalism. Profit-maxmization-for-shareholder view is out of fashion and CSR (corporate social responsibility) is getting high place, stakeholder-view is supported widely now. Under this conditions, management theories has started on new themes to tackle various problems.

危機の時代の経営と経営学
経営学史学会年報　第18輯

二〇一一年五月二十日　第一版第一刷発行

検印省略

編　者　経営学史学会
発行者　前　野　　弘
〒162-0041　東京都新宿区早稲田鶴巻町五三三
発行所　株式会社　文　眞　堂
電　話　〇三—三二〇二—八四八〇番
FAX　〇三—三二〇三—二六三八番
振　替　〇〇一二〇—二—九六四三七番

組版　オービット
印刷　平河工業社
製本　イマヰ製本所

URL. http://wwwsoc.nii.ac.jp/08gakusi/index.html
http://www.bunshin-do.co.jp
落丁・乱丁本はおとりかえいたします

定価はカバー裏に表示してあります
ISBN978-4-8309-4710-0　C3034

一　H・ニックリッシュ
1　現代ドイツの企業体制とニックリッシュ　吉田　修
2　ナチス期ニックリッシュの経営学　田中照純
3　ニックリッシュの自由概念と経営思想　鈴木辰治
二　C・I・バーナード
4　バーナード理論と有機体の論理　村田晴夫
5　現代経営学とバーナードの復権　庭本佳和
6　バーナード理論と現代　稲村　毅
三　K・マルクス
7　日本マルクス主義と批判的経営学　川端久夫
8　旧ソ連型マルクス主義の崩壊と個別資本説の現段階　片岡信之
9　マルクスと日本経営学　篠原三郎
Ⅱ　経営学史論攷
1　アメリカ経営学史の方法論的考察　三井　泉
2　組織の官僚制と代表民主制　奥田幸助
3　ドイツ重商主義と商業経営論　北村健之助
4　アメリカにみる「キャリア・マネジメント」理論の動向　西川清之
Ⅲ　人と業績
1　藻利重隆先生の卒業論文　三戸　公
2　日本の経営学研究の過去・現在・未来　儀我壮一郎
3　経営学生成への歴史的回顧　鈴木和蔵
Ⅳ　文　献

日本の経営学を築いた人びと　第三輯

●主要目次

Ⅰ　日本の経営学を築いた人びと
一　上田貞次郎――経営学への構想――　小松　章
二　増地庸治郎経営理論の一考察　河野大機
三　平井泰太郎の個別経済学　眞野　脩
四　馬場敬治経営学の形成・発展の潮流とその現代的意義　岡本康雄
五　古林経営学――人と学説――　門脇延行
六　古林教授の経営労務論と経営民主化論　奥田幸助
七　馬場克三――五段階説、個別資本説そして経営学――　三戸　公
八　馬場克三・個別資本の意識性論の遺したもの――個別資本説と近代管理学の接点――　川端久夫
九　山本安次郎博士の「本格的経営学」の主張をめぐって
――Kuhnian Paradigmとしての「山本経営学」――　加藤勝康
十　山本経営学の学史的意義とその発展の可能性　谷口照三
十一　高宮　晋―経営組織の経営学的論究　鎌田伸一
十二　山城経営学の構図　森本三男
十三　市原季一博士の経営学説――ニックリッシュとともに――　増田正勝
十四　占部経営学の学説史的特徴とバックボーン　金井壽宏
十五　渡辺銕蔵論――経営学史の一面――　高橋俊夫
十六　生物学的経営学説の生成と展開
――暉峻義等の労働科学：経営労務論の一源流――　裴　富吉
Ⅱ　文　献

アメリカ経営学の潮流　第四輯

●主要目次

Ⅰ　アメリカ経営学の潮流

一　ポスト・コンティンジェンシー理論——回顧と展望——　野中郁次郎

二　組織エコロジー論の軌跡
——一九八〇年代の第一世代の中核論理と効率に関する議論の検討を中心にして——　村上伸一

三　ドラッカー経営理論の体系化への試み　河野大機

四　H・A・サイモン——その思想と経営学——　稲葉元吉

五　バーナード経営学の構想　眞野脩

六　プロセス・スクールからバーナード理論への接近　辻村宏和

七　人間関係論とバーナード理論の結節点
——バーナードとキャボットの交流を中心として——　吉原正彦

八　エルトン・メイヨーの管理思想再考　原田實

九　レスリスバーガーの基本的スタンス　杉山三七男

十　F・W・テイラーの管理思想
——ハーバード経営大学院における講義を中心として——　中川誠士

十一　経営の行政と統治　北野利信

十二　アメリカ経営学の一一〇年——社会性認識をめぐって——　中村瑞穂

Ⅱ　文献

経営学研究のフロンティア　第五輯

●主要目次

Ⅰ　日本の経営者の経営思想
一　日本の経営者の経営思想――情報化・グローバル化時代の経営者の考え方――　清水龍瑩
二　日本企業の経営理念にかんする断想　森川英正
三　日本型経営の変貌――経営者の思想の変遷――　川上哲郎
Ⅱ　欧米経営学研究のフロンティア
四　アメリカにおけるバーナード研究のフロンティア
――William, G. Scott の所説を中心として――　高橋公夫
五　フランスにおける商学・経営学教育の成立と展開（一八一九年―一九五六年）　日高定昭
六　イギリス組織行動論の一断面――経験的調査研究の展開をめぐって――　幸田浩文
七　ニックリッシュ経営学変容の新解明　森哲彦
八　E・グーテンベルク経営経済学の現代的意義
――経営タイプ論とトップ・マネジメント論に焦点を合わせて――　髙橋由明
九　シュマーレンバッハ「共同経済的生産性」概念の再構築　永田誠
十　現代ドイツ企業体制論の展開
――R・-B・シュミットとシュミーレヴィッチを中心として――　海道ノブチカ
Ⅲ　現代経営・組織研究のフロンティア
十一　企業支配論の新視角を求めて
――内部昇進型経営者の再評価、資本と情報の同時追究、自己組織論の部分的導入――　片岡進
十二　自己組織化・オートポイエーシスと企業組織論　長岡克行
十三　自己組織化現象と新制度派経済学の組織論　丹沢安治
Ⅳ　文献

経営理論の変遷　第六輯

●主要目次

I　経営学史研究の意義と課題
一　経営学史研究の目的と意義　ウィリアム・G・スコット
二　経営学史の構想における一つの試み　加藤勝康
三　経営学の理論的再生運動　鈴木幸毅
II　経営理論の変遷と意義
四　マネジメント・プロセス・スクールの変遷と意義　二村敏子
五　組織論の潮流と基本概念——組織的意思決定論の成果をふまえて——　岡本康雄
六　経営戦略の意味　加護野忠男
七　状況適合理論（Contingency Theory）　岸田民樹
III　現代経営学の諸相
八　アメリカ経営学とヴェブレニアン・インスティテューショナリズム　今井清文
九　組織論と新制度派経済学　福永文美夫
十　企業間関係理論の研究視点
——「取引費用」理論と「退出／発言」理論の比較を通じて——　山口隆之
十一　ドラッカー社会思想の系譜
——「産業社会」の構想と挫折、「多元社会」への展開——　島田恒
十二　バーナード理論のわが国への適用と限界　大平義隆
十三　非合理主義的概念の有効性に関する一考察
——ミンツバーグのマネジメント論を中心に——　前田東岐
十四　オートポイエシス——経営学の展開におけるその意義——　藤井一弘
十五　組織文化の組織行動に及ぼす影響について
——E・H・シャインの所論を中心に——　間嶋崇
IV　文献

経営学百年──鳥瞰と未来展望──　第七輯

●主要目次

Ⅰ　経営学百年──鳥瞰と未来展望──

一　経営学の主流と本流──経営学百年、鳥瞰と課題──　三戸　公

二　経営学における学の世界性と経営学史研究の意味
──「経営学百年──鳥瞰と未来展望」に寄せて　村田晴夫

三　マネジメント史の新世紀　ダニエル・A・レン

Ⅱ　経営学の諸問題──鳥瞰と未来展望──

四　経営学の構想──経営学の研究対象・問題領域・考察方法──　万仲脩一

五　ドイツ経営学の方法論吟味　清水敏允

六　経営学における人間問題の理論的変遷と未来展望　村田和彦

七　経営学における技術問題の理論的変遷と未来展望　宗像正幸

八　経営学における情報問題の理論的変遷と未来展望──経営と情報──　伊藤淳巳・下﨑千代子

九　経営学における倫理・責任問題の理論的変遷と未来展望　西岡健夫

十　経営の国際化問題について　赤羽新太郎

十一　日本的経営論の変遷と未来展望　林　正樹

十二　管理者活動研究の理論的変遷と未来展望　川端久夫

Ⅲ　経営学の諸相

十三　M・P・フォレット管理思想の基礎
──ドイツ観念論哲学における相互承認論との関連を中心に──　杉田　博

十四　科学的管理思想の現代的意義
──知識社会におけるバーナード理論の可能性を求めて──　藤沼　司

十五　経営倫理学の拡充に向けて──デューイとバーナードが示唆する重要な視点──　岩田　浩

十六　H・A・サイモンの組織論と利他主義モデルを巡って
──企業倫理と社会選択メカニズムに関する提言──　髙　巖

十七　組織現象における複雑性　阿辻茂夫

十八　企業支配論の一考察──既存理論の統一的把握への試み──　坂本雅則

Ⅳ　文　献

組織管理研究の百年　第八輯

●主要目次

Ⅰ　経営学百年——組織・管理研究の方法と課題——
一　経営学研究における方法論的反省の必要性　佐々木恒男
二　比較経営研究の方法と課題
　——東アジア的企業経営システムの構想を中心として——　愼侑根
三　経営学の類別と展望——経験と科学をキーワードとして——　原澤芳太郎
四　管理論・組織論における合理性と人間性　池内秀己
五　アメリカ経営学における「プラグマティズム」と「論理実証主義」　三井泉
六　組織変革とポストモダン　今田高俊
七　複雑適応系——第三世代システム論——　河合忠彦
八　システムと複雑性　西山賢一
Ⅱ　経営学の諸問題
九　組織の専門化に関する組織論的考察
　——プロフェッショナルとクライアント——　吉成亮
十　オーソリティ論における職能説——高宮晋とM・P・フォレット——　高見精一郎
十一　組織文化論再考——解釈主義的文化論へ向けて——　四本雅人
十二　アメリカ企業社会とスピリチュアリティー　村山元理
十三　自由競争を前提にした市場経済原理にもとづく経営学の功罪
　——経営資源所有の視点から——　海老澤栄一
十四　組織研究のあり方——機能主義的分析と解釈主義的分析——　大月博司
十五　ドイツの戦略的管理論研究の特徴と意義　加治敏雄
十六　企業に対する社会的要請の変化——社会的責任論の変遷を手がかりにして——　小山嚴也
十七　E・デュルケイムと現代経営学　齋藤貞之
Ⅲ　文献

IT革命と経営理論 第九輯

●主要目次

Ⅰ　テイラーからITへ――経営理論の発展か、転換か――

一　序説　テイラーからITへ――経営理論の発展か転換か――　稲葉元吉
二　科学的管理の内包と外延――IT革命の位置――　三戸公
三　テイラーとIT――断絶か連続か――　篠崎恒夫
四　情報化と協働構造　國領二郎
五　経営情報システムの過去・現在・未来――情報技術革命がもたらすもの――　島田達巳
六　情報技術革命と経営および経営学
　――島田達巳「経営情報システムの過去・現在・未来」をめぐって――　庭本佳和

Ⅱ　論攷

七　クラウゼウィッツのマネジメント論における理論と実践　鎌田伸一
八　シュナイダー企業者職能論　関野賢
九　バーナードにおける組織の定義について――飯野―加藤論争に関わらせて――　坂本光男
十　バーナード理論と企業経営の発展――原理論・類型論・段階論――　高橋公夫
十一　組織論における目的概念の変遷と展望――ウェーバーからCMSまで――　西本直人
十二　ポストモダニズムと組織論　高橋正泰
十三　経営組織における正義　宮本俊昭
十四　企業統治における法的責任の研究――経営と法律の複眼的視点から――　境新一
十五　企業統治論における正当性問題　渡辺英二

Ⅲ　文献

現代経営と経営学史の挑戦
――グローバル化・地球環境・組織と個人――　第十輯

●主要目次

Ⅰ　現代経営の課題と経営学史研究

一　現代経営の課題と経営学史研究の役割―展望　小笠原　英司
二　マネジメントのグローバルな移転――マネジメント・学説・背景――　岡田　和秀
三　グローバリゼーションと文化――経営管理方式国際移転の社会的意味――　髙橋　由明
四　現代経営と地球環境問題――経営学史の視点から――　庭本　佳和
五　組織と個人の統合――ポスト新人間関係学派のモデルを求めて――　太田　肇
六　日本的経営の一検討――その毀誉褒貶をたどる――　赤岡　功

Ⅱ　創立十周年記念講演

七　経営学史の課題　阿部　謹也
八　経営学教育における企業倫理の領域――過去・現在・未来　E・M・エプスタイン

Ⅲ　論　攷

九　バーナード組織概念の一詮議　川端　久夫
十　道徳と能力のシステム――バーナードの人間観再考――　磯村　和人
十一　バーナードにおける過程性と物語性――人間観からの考察――　小濱　純
十二　経営学における利害関係者研究の生成と発展――フリーマン学説の検討を中心として――　水村　典弘
十三　現代経営の底流と課題――組織知の創造を超えて――　藤沼　司
十四　個人行為と組織文化の相互影響関係に関する一考察――A・ギデンズの構造化論をベースとした組織論の考察をヒントに――　間嶋　崇
十五　組織論における制度理論の展開　岩橋　建治
十六　リーダーシップと組織変革　吉村　泰志
十七　ブライヒャー統合的企業管理理論の基本思考　山縣　正幸
十八　エーレンベルク私経済学の再検討　梶脇　裕二

Ⅳ　文　献

経営学を創り上げた思想　第十一輯

●主要目次

Ⅰ　経営理論における思想的基盤
一　経営学における実践原理・価値規準について——アメリカ経営管理論を中心として——　仲田正機
二　プラグマティズムと経営理論——チャールズ・S・パースの思想からの洞察——　岩田浩
三　プロテスタンティズムと経営思想——クウェーカー派を中心として——　三井泉
四　シュマーレンバッハの思想的・実践的基盤　平田光弘
五　ドイツ経営経済学・経営社会学と社会的カトリシズム　増田正勝
六　上野陽一の能率道　齊藤毅憲
七　日本的経営の思想的基盤——経営史的な考究——　由井常彦
Ⅱ　特別講演
八　私の経営理念　辻理
Ⅲ　論攷
九　ミッションに基づく経営——非営利組織の事業戦略基盤——　島田恒
十　価値重視の経営哲学——スピリチュアリティの探求を学史的に照射して——　村山元理
十一　企業統治における内部告発の意義と問題点——経営と法律の視点から——　境新一
十二　プロセスとしてのコーポレート・ガバナンス——ガバナンス研究に求められるもの——　生田泰亮
十三　「経営者の社会的責任」論とシュタインマンの企業倫理論　高見直樹
十四　ヴェブレンとドラッカー——企業・マネジメント・社会——　春日賢
十五　調整の概念の学史的研究と現代的課題　松田昌人
十六　ＨＲＯ研究の革新性と可能性　西本直人
十七　「ハリウッド・モデル」とギルド　國島弘行
Ⅳ　文献

ガバナンスと政策——経営学の理論と実践——　第十二輯

●主要目次

Ⅰ　ガバナンスと政策
一　ガバナンスと政策　片岡信之
二　アメリカにおける企業支配論と企業統治論　佐久間信夫
三　フランス企業統治——経営参加、取締役会改革と企業法改革——　築場保行
四　韓国のコーポレート・ガバナンス改革とその課題　勝部伸夫
五　私の経営観　岩宮陽子
六　非営利組織における運営の公正さをどう保つのか——日本コーポレート・ガバナンス・フォーラム十年の経験から——　荻野博司
七　行政組織におけるガバナンスと政策　石阪丈一
Ⅱ　論　攷
八　コーポレート・ガバナンス政策としての時価主義会計——M・ジェンセンのエージェンシー理論とF・シュミットのインフレ会計学説の応用——　菊澤研宗
九　組織コントロールの変容とそのロジック　大月博司
十　組織間関係の進化に関する研究の展開——レベルとアプローチの視点から——　小橋勉
十一　アクター・ネットワーク理論の組織論的可能性——異種混交ネットワークのダイナミズム——　髙木俊雄
十二　ドイツにおける企業統治と銀行の役割　松田健
十三　ドイツ企業におけるコントローリングの展開　小澤優子
十四　M・P・フォレット管理思想の基礎——W・ジェームズとの関連を中心に——　杉田博
Ⅲ　文　献

企業モデルの多様化と経営理論——二十一世紀を展望して——　第十三輯

●主要目次

Ⅰ　企業モデルの多様化と経営理論
一　経営学史研究の新展開　佐々木恒男
二　アメリカ経営学の展開と組織モデル　岸田民樹
三　二十一世紀の企業モデルと経営理論——米国を中心に——　角野信夫
四　EU企業モデルと経営理論　万仲脩一
五　EUにおける労働市場改革と労使関係　久保広正
六　アジア—中国企業モデルと経営理論　金山権
七　シャリーア・コンプライアンスと経営——イスラームにおける経営の原則——　櫻井秀子
Ⅱ　論攷
八　経営学と社会ダーウィニズム——テイラーとバーナードの思想的背景——　福永文美夫
九　個人と組織の不調和の克服を目指して——アージリス前期学説の体系とその意義——　平澤哲
十　経営戦略論の新展開における「レント」概念の意義について　石川伊吹
十一　経営における意思決定と議論合理性——合理性測定のコンセプト——　宮田将吾
十二　ステークホルダー型企業モデルの構造と機能——ステークホルダー論者の論法とその思想傾向——　水村典弘
十三　支援組織のマネジメント——信頼構築に向けて——　狩俣正雄
Ⅲ　文献

経営学の現在――ガバナンス論、組織論・戦略論――　第十四輯

●主要目次

Ⅰ　経営学の現在

一　「経営学の現在」を問う――コーポレート・ガバナンス論と管理論・組織論――　勝部伸夫

二　株式会社を問う――「団体」の概念――　中條秀治

三　日本の経営システムとコーポレート・ガバナンス
――その課題、方向、および条件の検討――　菊池敏夫

四　ストックホルダー・ガバナンス 対 ステイクホルダー・ガバナンス
――状況依存的ステイクホルダー・ガバナンスへの収束――　菊澤研宗

五　経営学の現在――自己組織・情報世界を問う――　三戸　公

六　経営学史の研究方法――「人間協働の科学」の形成を中心として――　吉原正彦

七　アメリカの経営戦略と日本企業の実証研究
――リソース・ベースト・ビューを巡る相互作用――　沼上　幹

八　経営戦略研究の新たな視座
――沼上報告「アメリカの経営戦略論(RBV)と日本企業の実証的研究」をめぐって――　庭本佳和

Ⅱ　論　攷

九　スイッチングによる二重性の克服――品質モデルをてがかりにして――　渡辺伊津子

十　組織認識論と資源依存モデルの関係――環境概念、組織観を手掛かりとして――　佐々木秀徳

十一　組織学習論における統合の可能性
――マーチ&オルセンの組織学習サイクルを中心に――　伊藤なつこ

十二　戦略論研究の展開と課題――現代戦略論研究への学説史的考察から――　宇田川元一

十三　コーポレート・レピュテーションによる持続的競争優位
――資源ベースの経営戦略の観点から――　加賀田和弘

十四　人間操縦と管理論　山下　剛

十五　リーダーシップ研究の視点――リーダー主体からフォロワー主体へ――　薄羽哲哉

十六　チャールズ・バベッジの経営思想　村田和博

十七　非営利事業体ガバナンスの意義と課題について
――ワーカーズ・コレクティブ調査を踏まえて――　松本典子

十八　ＥＵと日本におけるコーポレート・ガバナンス・コデックスの比較　ラルフ・ビーブンロット

Ⅲ　文　献

現代経営学の新潮流——方法、CSR・HRM・NPO——　第十五輯

●主要目次

Ⅰ　経営学の方法と現代経営学の諸問題
一　経営学の方法と現代経営学の諸問題　小笠原英司
二　組織研究の方法と基本仮定——経営学との関連で——　坂下昭宣
三　経営研究の多様性とレレヴァンス問題——英語圏における議論の検討——　長岡克行
四　経営学と経営者の育成　辻村宏和
五　わが国におけるCSRの動向と政策課題　谷本寛治
六　ワーク・ライフ・バランスとHRM研究の新パラダイム
　——「社会化した自己実現人」と「社会化した人材マネジメント」——　渡辺峻
七　ドラッカー学説の軌跡とNPO経営学の可能性　島田恒
Ⅱ　論　攷
八　バーナード組織概念の再詮議　川端久夫
九　高田保馬の勢力論と組織　林徹
十　組織論と批判的実在論　鎌田伸一
十一　組織間関係論における埋め込みアプローチの検討——その射程と課題——　小橋勉
十二　実践重視の経営戦略論　吉成亮
十三　プロジェクトチームのリーダーシップ——橋渡し機能を中心として——　平井信義
十四　医療における公益性とメディカル・ガバナンス　小島愛
十五　コーポレート・ガバナンス論におけるExit・Voice・Loyaltyモデルの可能性　石嶋芳臣
十六　企業戦略としてのCSR——イギリス石油産業の事例から——　矢口義教
Ⅲ　文　献

経営理論と実践　第十六輯

●主要目次

Ⅰ　趣旨説明——経営理論と実践　第五期運営委員会

Ⅱ　経営理論と実践

一　ドイツ経営学とアメリカ経営学における理論と実践　高橋由明

二　経営理論の実践性とプラグマティズム
　——ジョン・デューイの思想を通して——　岩田浩

三　ドイツの経営理論で、世界で共通に使えるもの　小山明宏

四　現代ＣＳＲの基本的性格と批判経営学研究の課題・方法　百田義治

五　経営〝共育〟への道
　——ゼミナール活動の軌跡から——　齊藤毅憲

六　経営学の研究者になるということ
　——経営学研究者養成の現状と課題——　上林憲雄

七　日本におけるビジネススクールの展開と二十一世紀への展望　高橋文郎　中西正雄　高橋宏幸　丹沢安治

Ⅲ　論攷

八　チーム医療の必要性に関する試論
　——「実践コミュニティ論」の視点をもとにして——　渡邉弥生

九　ＯＤ（組織開発）の歴史的整理と展望　西川耕平

十　片岡説と構造的支配−権力パラダイムとの接点　坂本雅則

Ⅳ　文献

経営学の展開と組織概念　第十七輯

●主要目次

Ⅰ　趣旨説明——経営理論と組織概念　第六期運営委員会

Ⅱ　経営理論と組織概念

一　経営理論における組織概念の生成と展開　庭本佳和

二　ドイツ経営組織論の潮流と二つの組織概念　丹沢安治

三　ヴェーバー官僚制論再考——ポスト官僚制組織概念と組織人の自由——　小阪隆秀

四　組織の概念——アメリカにおける学史的変遷——　中條秀治

五　実証的戦略研究の組織観——日本企業の実証研究を中心として——　沼上幹

六　ステークホルダー論の組織観　藤井一弘

七　組織学習論の組織観の変遷と展望　安藤史江

Ⅲ　論　攷

八　「組織と組織成員の関係」概念の変遷と課題　聞間理

九　制度的企業家のディスコース　松嶋登

十　キャリア開発における動機づけの有効性——デシの内発的動機づけ理論の検討を中心に——　チン・トウイ・フン

十一　一九九〇年代以降のドイツ経営経済学の新たな展開——ピコーの所説に依拠して——　清水一之

十二　ドイツ経営管理論におけるシステム・アプローチの展開——ザンクト・ガレン学派とミュンヘン学派の議論から——　柴田明

十三　フランス中小企業研究の潮流——管理学的中小企業研究の発展——　山口隆之

Ⅳ　文　献